KB119429

부동산
불패
법칙

부동산 불패법칙

초 판 1쇄   2018년 12월 19일

지은이 안선혜
펴낸이 류종렬

펴낸곳 미다스북스
총   괄 명상완
에디터 이다경

등록 2001년 3월 21일 제2001-000040호
주소 서울시 마포구 양화로 133 서교타워 711호
전화 02) 322-7802~3
팩스 02) 6007-1845
블로그 http://blog.naver.com/midasbooks
전자주소 midasbooks@hanmail.net
페이스북 https://www.facebook.com/midasbooks425

© 안선혜, 미다스북스 2018, *Printed in Korea.*

ISBN 978-89-6637-626-1 03320

값 15,000원

미다스북스는 다음세대에게 필요한 지혜와 교양을 생각합니다.

부자는 운명이 아니라 선택이다!

부동산 불패법칙

안선혜 지음

미다스북스

당신의 삶을 살아라!
부자는 운명이 아니라 선택이다!

경기도 파주시 탄현면 금산리는 내가 태어난 고향이다. 그곳의 이름을 떠올리는 것만으로도 나의 기억은 40여 년의 시간을 훌쩍 넘어가버린다. 학교에서 돌아올 때 마을 어귀를 들어서자마자 따뜻한 기온이 돌고 산어귀로 연기가 피어오르면 혹시 우리집 굴뚝에서 나오는 것은 아닐까 하는 기대로 마음이 들뜬다. 연기가 난다는 것은 엄마가 집에 계시다는 것이다. 언제부터인가 당연하던 굴뚝 연기가 멈추고, 다른 집들과 좀 떨어져 있던 우리집은 차가운 벽에 회색 그림처럼 붙박혀 있다. 아픈 몸을 이끌고 돌아가시기 전까지 자식의 먹거리를 위해 아궁이에 불을 지피셨는데 이제는 그마저도 그리운 향수가 되어버렸다.

외할아버지로부터 받은 땅을 눈앞에서 뺏기는 슬픔을 이기지 못해서였을까? 지금 생각해보면 어머니는 너무 안타까운 나이에 일찍 우리 곁을 떠났다. 늘 그렇게 아쉬운 마음이 있었기에 나는 땅을 찾아야겠다고 마음에 새기게 되었다.

누구나 부자가 되고 싶어 한다. 성공의 의미도 여러 가지인 것처럼 어찌 보면 부자가 된다는 것도 사람마다 각기 다를 수 있다. 그러나 하고 싶은 것을 어떤 제한 없이 선택하고 사랑하는 사람들과 함께 하고 싶을 때 할 수 있는 정도라면 부자라고 할 수 있지 않을까? 내가 생각하는 부자란 그런 것이다. 남들처럼 직장생활도 해보았고 내 일도 해보았다. 그러나 그것에는 한계가 있었다. 많은 시간과 노력을 쏟으면 쏟을수록 점점 더 많은 시간과 노력을 필요로 했다. 그리고 지쳐갔다.

나는 내가 잘못된 선택을 하고 있는 것이 아닌가 의심하게 되었고 공부를 해서 준비를 한 다음 투자를 해야겠다고 마음먹었다. 오래 전부터 부동산에 관심이 있었지만 너무 몰랐기 때문에 어디서부터 어떻게 해야 할지 막막했다. 그래서 공인중개사 공부를 시작했고 지금은 부동산 사무실을 운영 중이다.

나는 부동산을 운영하면서 부동산에 관한 새로운 사실들을 알게 되었다. 많은 사람들이 그렇게 열심히 살면서도 부자가 되지 못하는 데는 이유가 있다. 또한 부자들이 어떻게 부자가 되었으며 왜 그들이 부자가 될 수 있었는지도 알게 되었다. 부자들은 돈에 대한 생각과 자본을 굴리는 방법이 다르다. 그들은 그들만의 투자법으로 부를 쌓아가고 있었다. 가난한 사람들은 가난할 수밖에 없는 사고와 선택을 한다. 결국 부자는 더 부자가 되고 가난한 사람들은 더 가난해진다.

첫 종자돈이 어려울 뿐이다! 임계치를 넘은 돈은 저절로 벌린다!

성공적인 투자란 무엇일까? 각기 부동산에 맞는 정확한 분석과 타이밍을 잡는 길만이 투자로 이익을 볼 수 있는 길이다. 그래서 부동산 공부가 필요하다. 당장 투자할 돈이 없다고 공부를 멀리할 것이 아니라 공부를 해야 방법이 보인다.

나는 부동산을 투자한다는 것이 부자가 되기 위한 도구일 뿐 아니라 자산 보호의 차원에서도 반드시 알아야 한다고 생각한다. 중개업을 하다 보니 몇백 억 하는 자산가들도 심심치 않게 본다. 며칠 전 만난 100억 자산가는 내게 이렇게 말한다.

"처음 1억이 어렵지 그 다음부터는 좀 쉬워지고요, 3억, 10억이 될수록 점점 더 쉬워집니다."

부동산이란 그 말대로다. 자산이 돈을 버는 상황이 될 때까지 굴리는 것이다. 나 또한 10년 전에는 아무것도 몰라서 투자를 제대로 하지 못하는 사람이었다. 지금은 부동산의 한가운데서 적은 투자금을 갖고도 투자를 해나가고 있다. 10년만 더 일찍 알았더라면 얼마나 좋았을까 생각할 때가 있다. 그렇지만 10년 후에 돌아본다면 지금 나의 선택에 대해 후회 없노라고 말할 수 있을 것이다.

이 책은 내가 부동산을 중개하고 투자하며 느낀 솔직한 이야기이다. 부동산은 내게 삶은 도전할 만한 것이라는 용기를 주었다. 이를 통해 재기할 수 있다는 희망을 얻었고, 꿈을 이룰 수 있다는 확신을 가졌다. 나는 이 책이 예전의 나처럼 부동산에 대한 지식이 부족하여 용기를 내지 못하는 사람들에게 조금이나마 힘을 줄 수 있다면 좋겠다. 그리고 창업부터 시작해서 자리를 잡기까지 도움이 필요한 분들과 함께 내가 경험해 왔던 노하우를 나누고 싶다.

우리는 모두 소중한 존재이다. 내가 나를 가장 사랑하고 아낄 때, 내가 사랑하는 사람들도 행복할 수 있다. 나를 가장 아낄 수 있도록 해주는 가족들은 내가 살아가는 이유이다. 부모의 한 가지로 태어나 지금은 비록 떨어져 있지만 나의 형제들이 늘 건강하기를 바란다. 그리고 형제들에게 사랑과 감사의 마음을 보낸다.

특히, 사랑하는 아연이와 사랑하는 지선이에게 정말 고맙고 미안하다고 말하고 싶다.

부족하지만 아낌없는 칭찬과 격려로 책을 마무리할 수 있게 도와준 출판사 분들과 여러 친구들에게 무한한 감사의 말씀을 드린다.

끝으로 이 책을 30여 년 전 땅을 찾아드리겠다고 약속드렸던 나의 어머니 조광순 님께 바친다.

2018년 겨울

안선혜

차 례

프롤로그 당신의 삶을 살아라! 부자는 운명이 아니라 선택이다!   4

1장 나는 돈이 없어서 부동산 투자를 시작했다

01 내가 부동산 투자를 선택한 이유   17

02 몰라서 당하는 게 싫으면 공부가 답이다   25

03 열심히 살아도 가난한 데는 원인이 있다   33

04 우리의 미래는 왜 불안하기만 할까?   41

05 이대로 열심히만 살면 괜찮아질까?   48

06 부동산을 알아야 부자가 된다   55

07 하고 싶은 일만 하며 사는 길   63

08 가난할수록 부동산이 답이다   70

실전이 불패의 성공을 부른다 ① 미개발지 땅에서 비전을 보다   77

2장 부동산 투자를 시작할 때 명심할 것들

01 돈 되는 물건은 따로 있다   81

실전이 불패의 성공을 부른다 ② 마이너스 분양권으로 시세 차익 보기   88

02 도시의 정보를 알아야 한다   89

03 부동산은 속도가 아니라 방향이다   96

04 알면 돈 되는 분양권이 있다   103

05 월세 받는 수익형 부동산   110

실전이 불패의 성공을 부른다 ③ 다가구 건물로 월세 수익 올리기   117

06 부동산, 언제나 기회다   118

07 가장 뜨거운 지역을 사라   126

08 하늘이 무너져도 돈 버는 사람은 있다   133

3장 초보 투자자를 위한 기적의 소액 투자법

01 오피스텔 분양 받기   143

02 갭 투자 제대로 알고 하기   150

실전이 불패의 성공을 부른다 ④ 갭 투자, 소형 아파트로 승부하다   157

03 공동 투자로 기회 잡기   158

04 소액 투자 시 역발상 하기   **165**

실전이 불패의 성공을 부른다 ⑤ 분양받은 토지로 시세 차익을 노리다   **172**

05 알면 돈 되는 대출 이용하기   **173**

06 투자히며 종잣돈 만들기   **181**

07 초보자에게 필요한 투자 기본기 5가지   **188**

08 부자가 되려면 1%의 용기가 필요하다   **195**

4장 절대 손해 보지 않는 아파트 투자법

01 혼자 투자하고 상처받지 마라   **205**

실전이 불패의 성공을 부른다 ⑥ 분양권으로 시세 차익 보기   **212**

02 거주할 아파트, 투자할 아파트   **213**

03 나만의 아파트 투자 기준을 세워라   **220**

04 입지가 좋은 곳에 위치한 아파트를 사라   **227**

실전이 불패의 성공을 부른다 ⑦ 단지 내 미분양 상가로 수익을 보다   **234**

05 소형 아파트로 승부를 보라   **235**

06 저평가된 아파트를 찾아라   **243**

07 아파트 현장답사 꼭꼭 체크리스트   **250**

08 아파트 투자에 레버리지를 이용하라   **257**

5장 부동산을 만나는 순간 미래가 달라진다

01 불경기일수록 제대로 분석하라   269

실전이 불패의 성공을 부른다 ⑧ **오피스텔로 월세 수익 올리기**   277

02 부동산 정책에 일희일비하지 마라   278

03 변하지 않는 투자 원칙이 있다   285

04 10년 투자 로드맵을 그려라   293

05 종잣돈보다 중요한 건 실행력이다   300

06 부자가 되려면 의식이 먼저 변해야 한다   307

07 부자의 사고방식으로 부자가 되라   314

08 행복한 부자 엄마, 아빠가 되라   321

에필로그 당신은 행복한 부자가 될 권리가 있다   330

1장

나는 돈이 없어서
부동산 투자를
시작했다

01 내가 부동산 투자를 선택한 이유

02 몰라서 당하는 게 싫으면 공부가 답이다

03 열심히 살아도 가난한 데는 원인이 있다

04 우리의 미래는 왜 불안하기만 할까?

05 이대로 열심히만 살면 괜찮아질까?

06 부동산을 알아야 부자가 된다

07 하고 싶은 일만 하며 사는 길

08 가난할수록 부동산이 답이다

– 실전이 불패의 성공을 부른다

① 미개발지 땅에서 비전을 보다

01

내가 부동산 투자를 선택한 이유

돈이 유일한 해답은 아니지만 차이를 만들어 낸다.
– 버락 오바마 Barack Hussein Obama

누구나 부자가 될 수 있다

한국사회에서 상위 1%가 부의 절반을 차지한다. KB금융지주 경영연구소는 「2018년 부자보고서」에서 금융자산 10억 원 이상을 보유한 부자 수가 28만여 명에 이르며 그 수와 규모는 전년 대비 15% 이상 성장했다고 분석했다.

'부자들은 어떻게 부자가 되었을까?'

물려받은 재산 하나 없이 말 그대로 무일푼으로 시작한 사람들, 젊은 나이에 단시간에 부를 이룬 사람들, 또는 20년 이상을 고전하다가도 뒤늦게 부를 이룬 사람들, 이러한 사람들이 나의 관심의 대상이다. 그들도 처음부터 부자는 아니었기 때문이다. 젊어서부터 사업을 시작해 갖은 고생 끝에 20여 년 넘게 시행착오를 겪은 뒤 드디어 성공을 이루어낸 사람들도 많다. 그들은 포기하지 않는 끈기와 경험에서 얻은 지혜로 처음엔 장사로 시작했지만 결국에 큰 사업을 일구어낸, 그야말로 자수성가형 CEO들이다.

주식은 또 어떠한가? 비록 비전문가로 출발했지만 이 분야의 공부를 하면서 실력을 쌓아 지금은 베테랑이 된 사람들도 꽤 된다. 측근 중 내가 아는 분도 처음에는 주식을 취미로 하다 지금은 직업이 되었고 또 다른 분은 사업과 함께 주식을 병행하시는 분도 있다.

'내게도 저들처럼 포기하지 않고 잘할 수 있는 분야나 관심 있는 분야가 있을까?'

어려서부터 책을 많이 보는 편은 아니었다. 방학처럼 시간이 여유로운 때에 몰아서 책을 보는 습관이 있었을 뿐 학기 중에는 다시 다른 아이들처럼 학교 공부를 했다. 성인이 되어서는 필요한 정보가 있거나 하면 끄적여보는 정도였다. 좀 더 나은 삶을 살아야겠다는 생각을 하면서부터는 성공과 관련된 자기계발서를 자주 보았다.

어느 시기에는 집중적으로 읽기도 했지만 바쁜 일상에 휩쓸리거나 하면 다시 멈추기도 했다. 그러다 어느 순간 매일 습관처럼 아침이나 저녁에는 책을 보게 되었다. 현실의 일상보다 책을 보며 오로지 나와 마주하는 시간이 더 의미 있고 행복한 날들이 되어 갔다. 나는 책에서 삶의 의미를 찾을 수 있을 거라 믿었다. 수천 년을 살다간 그리고 지금 살고 있는 사람들에게서 그들의 지혜를 배우게 되리라 믿어 의심치 않았다.

책을 보고 성공한 사람들의 이야기를 들으며 나도 뭔가를 해야 한다고 생각했지만 그렇다고 딱히 내게 재주나 장사 경험이 있는 것도 아니었다. 그러던 중 일반인들도 성공한 예가 많다는 부동산에 관심을 두기 시작했다. 많은 땅을 소유하셨던 외할아버지와 땅에 유난히 집착하셨던 엄마의 영향 때문인지 어렸을 적부터 땅을 많이 갖고 싶다는 막연한 소망이 늘 있었다. 사업에 큰 비전을 둔 큰 오빠에게 시골에서 자금을 마련할 길은 오직 땅뿐이었기 때문에 오빠와 엄마는 그 일로 늘 갈등을 겪었다. 그러나 오빠가 아무리 설득해도 엄마는 꿈쩍도 하지 않았다.

"내 눈에 흙이 들어가기 전에는 그런 일은 없다."

입버릇처럼 그렇게 말씀하시던 엄마가 돌아가시고 나서 그나마 얼마 남지 않은 땅까지 모두 팔리고 우린 흩어졌다. 어른이 되고 나서도 계속 부동산에 관심을 두었던 이유는 어릴 적 이런 기억 때문이다. 언젠가는 땅을 되찾아야 한다고 생각했다.

그렇지만 사람들이 부동산 투자로 돈을 벌었다는 이야기가 많이 들려도 나에겐 여전히 멀게만 여겨졌다. 다른 이들이 어렵지 않게 투자의 길로 들어서는 것과 다르게 나는 꽤 오래 돌아왔다. 엄마에게서 받은 유산으로 공부하고 생활하느라 있는 돈을 모두 써버리고 나서는 돈을 모으는 것도 쉽지 않았다. 모은 돈을 잃을까 봐 함부로 쉽게 투자를 할 수도 없었다. 투자를 해야겠다는 마음은 있었지만 부동산에 관련한 책을 여러 권 읽었어도 막상 투자를 하려니 겁도 났다. 천만 원으로도 살 수 있다는 땅 이야기서부터 2천만 원으로 시작하는 경매까지 안내서들은 많았지만 급매로 나온 집을 사거나 아파트를 사서 세를 주는 정도였다.

땅 투자를 하고 싶었지만 내게는 그림의 떡이었다. 부동산에 대해 무지하다 보니 용기는 더욱 줄어들고 혼자서 애만 태우는 시간을 보내기를 몇 년이나 했다. 차라리 그때 조금 더 알아보고 땅을 샀어야 했다는 걸 10년이 지난 지금 알게 되었지만 그때는 쉽지 않은 결정이었다. 그렇게 부동산에 대한 미련만 키워가고 있었다.

부자들은 부자가 되는 사고와 방법을 알고 있다

내가 원하는 삶을 살아야겠다는 생각과 그렇게 살아가고 있는 사람들의 책을 보면서 생각이 조금씩 변해갔다. 나는 왜 그들과 다른가를 생각했다. 나도 누구 못지않게 열심히 사는데 도대체 왜 나의 현실은 계속 이런 것일까? 그러나 나는 차츰 알게 되었다. 나의 현재는 잘못된 사고에서 비롯되었음을 말이다. 그렇게 사고가 하나씩 바뀌면서 나의 선택들도 하나씩 바뀌었다.

평소에 관심만 갖고 있던 분야인 부동산 공부를 시작했다. 돈이 있어야 부동산을 가질 수 있다는 생각은 여전했지만 우선 공부를 시작해야겠다는 생각이 들었다. 나는 중개사 자격증을 취득했고 본격적으로 부동산에 투자하리라 마음먹었다.

부동산 중개 일을 하면서 나는 생각했던 것보다 훨씬 놀라운 사실을 알게 되었다. 내가 왜 그토록 가난할 수밖에 없었는지, 나는 왜 부자가 될 수 없었는지에 대해서 알게 되었다. 방법이 문제가 아니었다. 문제는 바로 선택이다. 이미 잘못된 선택 안에서 백 가지 수를 쓴들 거기서 거기인 것이다. 예전에는 막연히 투자라는 것이 운이 좋으면 이익이 남고 또 운이 나쁘면 손해도 보는 그런 것인 줄로만 알았다. 누구나 다 성공하는 것은 아닐 테지만 누군가가 했다면 나도 할 수 있지 않을까 하는 반신반의하는 마음이 있었다. 그러나 직접 현장에 와서 부동산을 지켜보고 성공한 부자들의 투자와 자금 운영을 살펴보며 그들이 가진 사고와 그들의 방법대로 하면 부자가 될 수밖에 없다는 사실을 알게 되었다.

그들은 절대 패하지 않는 투자법을 가지고 있다. 그것으로 부자가 되었고 그렇게 쌓아간 부는 계속 커져간다. 이를 모르는 사람들은 부자들의 자산 형성에 도움을 주면서 아무런 눈치도 채지 못한 채 노동으로 이자로 그들에게 자산의 토대를 만들어 준다.

그들이 우리의 무엇을 활용하는가? 그것은 내가 한 달 동안 20시간 넘게 일한 노동의 대가로 받은 적금이다. 때로는 매달 나에게 낮은 이율로 마련해준 대출금이기도 하다. 이는 모두 내가 나의 시간을 담보로 벌어들인 돈들이다. 그들은 나의 돈을 활용하여 그들의 자산을 만드는 데 쓴다. 그 자산은 시간이 흘러 가치가 더 올라간 상태로 온전히 그들의 자산이 된다. 나의 시간은 빚이었고 그들의 시간은 자산이었다.

이렇듯 부는 시간으로 이루어져 있다. 시간을 자산으로 활용해야 부가 만들어진다. 그런데 나는 시간을 부채로 돈을 벌었기에 돈이 모이지 않는 선택을 이미 하고 있었던 것이다. 부동산은 시간과 함께 커가는 자산이다. 부자들은 자산 중 50% 이상을 부동산으로 보유한다. 사업을 하든 어떤 식으로 돈을 벌든 사람들은 돈을 벌면 부동산을 장만한다. 물론 처음에는 어느 정도 시간과 경제적인 투자가 들어가지만 나중에는 자산이 시간과 함께 돈을 벌어주게 된다. 부자들은 이를 잘 알고 있다. 부자들이 그토록 부동산에 집착하는 이유가 바로 여기에 있다.

나는 돈이 없어서 부동산 투자를 시작했다. 딱히 가진 재능이나 큰돈이 없었지만 나는 부자가 되고 싶었다. 돈이 어떻게 움직이는지 알아야 한다고 생각했다. 어떻게 그들은 부자가 되었는가? 왜 부자들은 계속 부자가 되고 가난한 사람들은 계속 가난하기만 한 걸까? 나는 수십 년을 애쓰며 살아온 내가 왜 가난할 수밖에 없는지 알게 되었다. 그것은 참으로 소름끼치고 슬픈 현실이었다. 부자들은 방법을 알고 있다. 그들은 부자가 되는 선택을 하고 부자가 되는 방법으로 부를 쌓아간다. 누구나 올바른 선택을 하고 그와 같은 방법으로 해나간다면 부를 이룰 수 있다. 이것이 내가 부동산을 선택한 이유다.

'나도 부자가 될 수 있다'고 생각하라!

성공한 자들은 어떤 공통점을 지녔을까? 그들은 포기하지 않는다. 성공 이전은 시련을 통해 지혜로 거듭나는 시간일 뿐이다.

성공한 사람들 중 부자들은 자산의 50% 이상을 부동산으로 보유하는데, 보유한 부동산이 안정적으로 돈을 벌어주기 때문이다. 결국 시간이 갈수록 부동산의 가격은 더 올라간다. 부자들의 시간은 자산의 활용이고 가난한 사람들의 시간은 돈을 벌기 위한 담보이다.

02

몰라서 당하는 게 싫으면 공부가 답이다

삶은 성장하는 것이다. 만약 우리가 성장을 멈춘다면, 우리는 죽은 것이나 다름없다.
– 우에시바 모리헤이 Ueshiba Morihei

세상은 모르는 자에게 결코 친절하지 않다

'땅을 찾아!'

'네? 무슨 말예요?'

'땅을 찾아!!'

'내가 어떻게요?'

'땅을 찾아!!!'

자고 있는 나를 흔들어 깨운다. 아무 표정 없이 너는 할 수 있다는 듯이 말씀하신다. 또 같은 꿈이다. 몇 년에 한 번 정도 돌아가신 어머니의 꿈을 꾼다. 워낙 땅에 대한 미련이 많으신 상태에서 돌아가셨다. 얼마나 안타깝고 속이 상하면 그런 말씀을 하실까? 내가 처음 내 이름으로 된 집을 사던 날 새벽 꿈에 엄마는 분홍색 매화꽃을 가지고 오셔서는 함박 웃으시며 좋아하셨다. 가끔 나타나셔서 표정 없이 바라보기도 하고 앞으로 일어날 일을 보여주고 가시기도 한다.

약속드린 것 때문에 그런가? 땅을 찾아드리겠다고 했다. 어려서 늘 땅 때문에 속상해하시는 걸 보면서 내가 이다음에 크면 성공해서 꼭 땅을 찾아드려야겠다는 마음을 품게 되었다. 어른이 되어서 사느라 바빠서 정신이 없을 때도 언젠가는 꼭 해야 할 일로 가슴에 새겨두었다.

"무슨 말씀이신가요? 저는 그 부동산을 처분했는데요?"

"재산세는 매년 6월 1일 기준으로 소유자에게 부과되기 때문에 납부하셔야 할 것 같습니다."

"제가 부동산을 처분한 날짜는 5월 25일입니다. 계약서도 그렇게 되어 있구요. 다만 매수자 측에서 사정이 있으니 6월 10일에 등기해달라 해서 그렇게 처리를 했는데요."

"사정은 안타깝지만 서류상 그렇게 되어 있어서 곤란합니다. 부동산에 전화해보니 공인중개사 분께서도 이 부분을 잘 몰랐다고 하시네요."

어이가 없었다. 거래한 부동산은 이 동네에서만 15년 이상 된 경험 많은 사장님이 운영하는 곳이었다. 모를 리가 없다고 생각했기 때문에 결국은 따져 물어서 매수 쪽과 반씩 부담하기로 했다

'세금에 대해 모른다고 이렇게 뒤집어씌우다니!'

차라리 미리 얘기했었더라면 서로 조율하여 그 정도는 깎아줄 수도 있는 문제였다. 얕은 수를 써서 그렇게 처리한 매수인과 부동산이 모두 야속했다. 세상은 참 무섭다. 모르면 어떻게 당하는지도 모르게 당하고 마는 것이다.

새로운 도전을 결심하다

나는 이참에 제대로 해야겠다고 결심했다. 땅을 사고 싶어도 너무 모르니 제대로 공부를 해서 직접 알아보고 싶었다. 공인중개사 자격증을 따자! 그 동안은 시간의 문제, 교통의 문제 등등 이러저러한 핑계로 미루어두었던 일이었는데 결심을 하고 나니 방법이 보이기 시작했다. 굳이 학원을 다니지 않고 인터넷 방송으로 공부를 할 수 있는 길이 있었다. 그리고 주변에 선포했다.

"공인중개사 시험을 보려고 해."
"요즘 부동산은 미용실보다 많더라."

"부동산은 이제 끝이야. 경기도 안 좋은데 무슨 부동산이야?"

"보통 어려운 게 아닌가봐. 우리 오빠가 법대 나왔는데 하도 어려워서 준비하다 말았어."

　주위의 반응은 예상대로였다. 20년 전에도 10년 전에도 부동산은 늘 불경기였고 늘 끝났었다. 그러나 늘 끝나지 않았고 어디에서든 기회가 있었고 누군가는 기회를 이용해서 수익을 본 사람들이 있었다. 그리고 내가 부동산을 소유하기 위해서는 꼭 알아야만 했다. 더 이상 이러저러 한 핑계로 미루고 싶지 않았다.

　오래전 책에서 보았던 모토야마 가쓰히로의 말이 떠올랐다. 그는 중위권의 성적으로 1년 만에 16년 분량의 학과 공부를 해서 도쿄대학에 입학하고 영어도 못하는 상태에서 1년 만에 하버드에 입학한 사람이다. 그의 책 『16배속 공부법』에서는 시험 준비 전에 합격한 수기를 볼 것을 권한다. 내가 생각해도 불합격했거나 부정적인 이야기는 별로 도움이 될 것같지 않았다. 그의 말대로 합격 수기만을 골라서 여러 번 읽었다. 결심을 하고 변화의 의지를 다지며 바로 책을 구입했다.

　공인중개사 시험은 매년 10월 셋째 주 정도에 본다. 1년에 한 번 있다. 1차와 2차를 동시에 볼 수 있지만 1차에 합격하고 2차에 떨어지면 다음 연도에 단 한 번의 기회만 주어진다. 다음 연도에 2차에서 합격하지 못하면 다시 1차부터 시작해야 한다. 시험 과목은 민법, 부동산학개론, 공법, 등기법, 세법, 중개사법이다. 따로 법을 공부해보지 않아서 겁이 났지만 그럴 때마다 합격 수기를 보면서 용기를 내었다.

'더 이상은 몰라서 당하는 일은 없어야 해.'

일을 계속하면서 공부하기란 쉽지 않았다. 시험 기간에는 주말에도 수업을 해야 해서 공부시간이 부족했다. 잠을 줄여가면서 해보았는데 컨디션이 안 좋아져서 다음 날에는 원하는 만큼의 공부량이 나오지 않았다. 공부를 많이 하고 싶어도 할 수 없이 체력을 조절해가면서 해야 했다. 부족한 시간이었지만 동시 합격을 목표로 했다.

동차가 무리라면 1차라도 되겠지 하는 안일한 마음 때문이었을까? 나의 바람과는 반대로 민법 1개가 모자라서 과락을 하고 말았다. 1개 차이가 아깝기도 했지만 늘 학생들에게 하는 말이 있다. 문제 1개는 1개가 아니라 4~5개의 개념이 부족해서 나온 결과라고. 떨어진 것도 그렇지만 주변에 미리 얘기해놓은 것 때문에 더 창피했다.

'1년을 더 준비해야 하는구나!'

결코 만만한 시험이 아니었다. 절대적인 공부 시간과 정신력이 필요했다. 잠을 줄여가며 공부하는 건 이미 효과가 없음을 알기에 시간 확보를 위해서는 또 다른 조치가 필요했다. 시간을 확보해갔다. 그 동안 가졌던 모임을 줄였고 1년에 서너 번 만나던 동창모임과 동네 지인들과의 모임, 쇼핑 시간, 10년 이상을 돈독히 지내던 선생님들과의 모임도 멈추었다. 시간도 시간이지만 집중이 필요했기에 거의 1년은 아무도 만나지 않고 공부만 했다. 장시간 앉아 있다 보니 혈액순환이 안 되어 하지정맥이 왔고 소화가 안 되어 한 달 이상 제대로 먹지 못하는 일이 생겼다.

'이번에 합격이 안 되면 다시 1년을 더 해야 한다.'

까마득했다. 심적인 부담이 컸는지 처음 치른 모의고사에서 손가락 관절이 갑자기 튀어나와 깜작 놀랐다. 이대로는 안 되겠다 싶어 본 시험 때까지 더 이상의 모의고사 없이 바로 시험에 들어갔다.

한 달 뒤 시험결과가 나온다. 물론 미리 가채점을 했기 때문에 결과를 어느 정도 알고 있지만 혹시 정답 체크는 잘 했는지, 다른 실수는 없었는지 떨리기는 마찬가지다.

"1차, 2차 모두 합격입니다."

동차 합격! 드디어 2년여에 걸친 나와의 싸움이 막을 내렸다. 그리고 알게 되었다. 원하는 것을 이루어내기 위해서는 도전할 수 있는 용기와 믿음이 필요하다는 것을. 공부만큼은 자신 있다고 생각했었는데 새로운 분야를 해보니 공부를 어려워하는 학생들의 심정도 충분히 이해되었다.

"합격했어."
"정말?"
"오, 대단해! 역시 해낼 줄 알았어."
주위의 반응은 시험을 준비하기 전과 상반되었다.

지금 나는 부동산을 운영하고 있다. 물건을 중개하기도 하고 부동산 컨설팅을 하기도 한다. 처음에는 내 자산을 찾고 컨설팅하는 일이라 생각하며 자격증을 준비했다. 그 후 돈의 흐름을 알기 위해 부동산을 직접 차리게 되었고 그 동안 내가 생각해왔던 사고방식이 왜곡되었음을 하나씩 알아가기 시작했다

내가 공인중개사가 된 것은 우연이 아니다. 내 꿈을 이루기 위한 결심이고 엄마와의 약속을 지키기 위한 시작이다.

'꼭 땅을 찾아드릴게요.'

부자가 되기를 원한다면 변화하라!

변화를 두려워한다면 성장은 없다.

성장을 원한다면 변화를 결심하고 사람들의 생각이 아닌 나의
생각대로 행동하고 나아가야 한다. 성장하기 위한 대가는 기꺼이
치루어야 한다.

결국 주변인에 의한 나의 평가는 내가 나를 얼마만큼 믿는가에
달려있다.

03

열심히 살아도 가난한 데는 원인이 있다

생각하는 대로 살지 않으면 사는 대로 생각하게 된다.
– 랜디 포시 Randolph Frederick Pausch

대를 잇는 가난, 열심히 살아도 가난한 데는 이유가 있다

최근 경제협력개발기구OECD가 「사회적 엘리베이터는 붕괴했는가?」라는 제목으로 충격적인 보고서를 내놓았다. 소득이 하위 10%인 가구에 속한 자녀가 중산층이 되려면 얼마가 걸릴까? 한국의 경우는 150년이다. 일본은 120년, 중국은 210년이다. 가난한 사람이 부자가 되는 게 이리도 어렵단 말인가! 3대에서 5대가 걸린다. 그러니 가난한 사람이 가난하고 그들의 자식이 또 가난하고, 부자가 부자를 낳고 그들의 자식이 또 부자가 되는 것은 어찌 보면 당연한 것처럼 보인다. 위 보고서에서는 빈부의 차이가 심각한 수준이며 앞으로도 격차는 더 벌어질 것이라고 예상했다.

나는 시골 땅부잣집에서 태어났다. 그러나 엄마가 돌아가신 후 남은 재산은 다 흩어지고 간신히 남은 유산으로 공부하고 생활하며 그럭저럭 지냈다. 졸업 후 회사에 취직해서 회사 생활을 했지만 말 그대로 생계유지일 뿐 그 이상은 되지 않았다. 아침부터 저녁까지 열심히 일해도 급여로 생활비를 하고 나면 손에 쥐는 돈은 얼마 되지 않았다.

물론 그런 와중에도 절약하여 돈을 모으는 사람들도 있었지만 막연하게 절약보다는 절대적으로 수입을 늘려야겠다는 생각을 했다.

'이렇게는 안 되겠어. 돈을 더 벌 수 있는 일이 뭐 없을까?'

나는 직장을 그만두고 영업을 하기로 했다. 영업은 고정급을 받는 직장보다는 훨씬 수입이 나왔다. 일한 만큼 나오는 수익이 재미있기도 했다. 그런데 직장생활 때보다 더 많은 시간이 들어가는 게 문제였다. 저녁 10시가 넘어서도 일하기 일쑤였다. 다행히 월급 생활보다는 나았지만 여전히 들이는 시간에 비해 수입이 만족스럽지 못했다.

'지금보다 더 생산적인 일이 필요하다.'

이런 생각은 들어도 다른 방법을 찾을 때까지 그냥 그 일을 계속해야만 했다.

결혼 후 벌인 일로 있는 돈을 모두 날리고 날린 만큼의 빚을 떠안고 보증금 천만 원에 월세 30만 원으로 다시 시작을 해야 할 때에도 그다지 개의치 않았다. 그냥 잠깐 거치는 과정일 것이라는 생각이 들었을 뿐이다. 그렇게 5년이 넘는 기간 동안 빚을 갚아 나갔다. 빚을 갚고 나면 돈을 꽤 모을 수 있을 거라고 생각했다. 그런데 10년이 넘어도 재산이 일정한 상태에서 늘어나지 않았다. 밤낮으로 일만 하며 쇠약해진 나와 이제는 어느덧 훌쩍 커버린 아이들을 보며 앞만 보고 달렸다고 하기엔 너무 민망한 현실들이 내 앞에 서 있었다.

가난은 어떻게 생기는 걸까? 나는 가난의 원인을 수입이 없거나 수입보다 지출이 많아서 돈을 모으지 못하기 때문이라고 생각했다. 누구보다도 열심히 살며 돈을 모으면서도 부자가 되지 못하는 사람들은 사실 자신의 생활에 만족해한다. 그들이 그 현실에서 벗어나지 못하는 것은 게을러서가 아니다. 착하지 않아서도 아니다. 그들은 누구보다 성실하고 착하다. 그들도 어쩌면 나처럼 부자가 되고 싶다고 말하면서도 지나치게 현실을 부정하거나 불가능하다고 생각하며 이룰 수 없는 소망이라고 여기고 있을지 모른다.

나의 경우가 그랬다. 인정하고 싶지 않아 열심히 노력했지만 벗어날 수 없었던 이유는 나도 모르게 갖고 있던 부정적인 생각 때문이다. 부정적인 생각들은 좋은 기운을 막는다. 불평과 기분이 나쁜 것들은 돈이 들어오는 기운을 차단한다.

또 하나의 무서운 이유는 그것이 주는 마음의 상처다. 상처는 아프다. 외부에 닌 상처는 곧 나아지지만 마음의 상처는 보이지 않을 뿐 회복되지 않는 한 계속 아픔이 된다.

어려서부터 어머니는 홀로 농사를 지으며 6남매를 키우셨다. 엄마가 일찍 너무 젊은 나이에 돌아가시면서 우울한 집안의 분위기와 상황들에 나는 자연스럽게 젖어들었다. 외면하려 했지만 마음 한 구석에 남은 마음의 상처들이 치유되지 않은 채 어른이 되었다.

지나치게 현실을 벗어나려고 한 것이 오히려 내가 현실을 인정한 꼴이 되었다. 구체적인 목적이 없이 그러한 상황만 부인하다 보니 점점 더 벗어나고픈 현실만 남게 된 것이다.

가난은 잘못된 사고에서 오는 질병이다, 사고의 전환이 약이다!

나는 성공한 사람들의 책을 보면서 그들에게서 공통점을 찾아낼 수 있었다.

성공한 사람들은 포기하지 않았다. 시도를 했으니 과정이 있는 것이라고 생각했다. 그들은 그 과정을 이겨내고 성공할 때까지 도전을 멈추지 않는다. 어찌 보면 당연한 것 같아도 그것이 바로 성공의 비결이다. 성공할 때까지 포기하지 않고 하는 것 말이다.

또한 두드러진 특징은 그들의 사고이다. 그들은 가난을 질병으로 생각한다. 가난 때문에 작고 큰 행동의 제약을 받게 되고 결국엔 나는 안 된다는 생각을 자연스럽게 갖게 된다. 그러한 상황에 익숙해지다 보면 가난한 사람들은 가난을 당연한 것으로 여기게 된다. 이러한 생각이 바로 병이라는 것이다. 그들은 긍정적이고 밝은 생각을 주로 하고 유지하고자 노력한다.

우리는 살아가면서 얼마나 많은 사람들을 만나게 될까? 생각해보면 같은 직장, 같은 모임을 하며 생각보다 한정된 사람들과 많은 시간을 보내는 것 같다. 나 또한 그랬었다. 그러나 중개업을 하면서는 다양한 직업과 연령층의 사람들을 접하게 된다. 내가 하는 일은 중개일이지만 때로는 그 이상의 일을 하게 되는 경우도 있었다. 그들에게서 삶의 경험과 지혜를 얻기도 하고 때로는 예기치 않은 일들로 당황하는 일들이 벌어지기도 한다. 항상 긍정적인 마음을 유지하려고 노력하지만 나도 모르게 감정이 상황에 휘둘리기도 하고 실망과 분노로 밤을 새우기도 했다.

그러한 마음을 달래기 위해 짧지만 명상을 하고 책을 보며 마음을 다졌다. 그러면서 어느덧 새로운 것을 알게 되었다. 내가 이 일을 선택하고 여기까지 온 것은 나의 의지만이 아니라는 사실이다. 과거로부터 이어져 왔던 나의 소망이 나를 이곳에 데려 왔다. 이를 안 후로는 어쩌다 일어나는 일들이 당황스럽거나 힘겹지 않았다. 그리고 나의 소망대로 이루어져야 할 사실들에 초점을 두기 시작했다. 기존에 가졌던 수입의 한계를 지우고 큰 목표를 가졌다. 그리고 하나씩 이루어 갔다. 나는 중개를 한다기보다는 부동산의 물건을 분석하고 공부를 하는 데 시간을 들였다. 그리고 어떠한 중개라도 배웠던 원칙에 가까이 하려고 소신있고 꼼꼼히 애를 썼다. 매달 목표는 커갔고 또 이루어갔다. 그동안 아무리 애써도 이룰 수 없었던 수입을 얻게 되었다.

원하는 것을 생각하고 날마다 꿈꾸며 자신의 미래를 바꾼 예가 있다. 지금은 유명해진 래퍼 도끼다. 그는 초등학교 때 아버지의 사업이 어려워지면서 가족들은 흩어지고 갈 곳도 없이 서울로 올라와 컨테이너박스에 살며 생수와 라면 하나로 며칠을 나누어 끼니를 때우는 생활을 했다. 인터뷰에서 그가 한 말은 참으로 인상적이다.

"그러한 상황이 슬프다거나 괴롭거나 전혀 힘들지 않았어요. 왜냐하면 성공할 것을 알고 있었으니까요. 서울로 처음 올라왔던 과거 10대 때의 나나 페라리를 몰고 있는 현재 지금의 나는 달라진 것이 없습니다. 둘 다 같은 저의 모습입니다."

음악에 대한 열정만큼이나 부에 대한 꿈은 그에게 당연한 것이었다.

과거에도 현재에도 마음은 항상 같았다. 당연한 그의 마음이 당연한 현실이 되었다. 과거의 외형은 누가 보아도 가난한 어린아이에 불과했을 것이다. 그러나 보이는 것이 그의 현실이 아니라 그가 꿈꾸었던 화려한 미래가 그의 과거이자 지금의 모습이다. 많은 젊은이들이 그의 노래를 들으며 위안을 받고 희망을 꿈꾼다.

가난은 인재다. 마음의 잘못된 습관에서 오는 병이다. 가난은 환경에서 오는 것이 아니라 마음에서 온다. 만약에 어떤 사람이 마음에서 가난을 인정하고 부는 이룰 수 없는 소망에 불과하다고 생각한다면 그는 평생 그것에서 벗어날 수 없다. 일찌감치 성공한 사람들에게는 애초에 가난한 마음이 없었다. 그들에게는 오로지 꿈꾸는 미래만이 존재했다. 비록 외부에 보여지는 현실은 가난하다 할지라도 부자의 마음을 갖고 부에 대한 생각과 믿음을 유지한다면 언제든 벗어날 수 있다. 많은 사람들이 그들의 삶을 통해서 이를 증명해왔고 또 앞으로 더 많은 이들이 이를 증명해갈 것이다.

가난한 사고방식을 먼저 뜯어고쳐라!

가난했던 사람들이 부자가 된 경우, 그들은 현실은 비록 가난하더라도 항상 마음속에 부자가 될 것이라는 확신이 있었다.

그들의 생각은 습관이다. 습관처럼 풍요로움을 생각하고 당연한 현실로 받아들인다.

부의 엘리베이터는 존재한다. 승차 여부는 나에게 달려 있다.

04

우리의 미래는 왜 불안하기만 할까?

기존의 방식으로 계속하는 데 드는 비용은 변화의 비용보다 훨씬 크다.
- 빌 클린턴 Bill Clinton

위기는 언제나 준비하지 않는 자의 곁에 머문다

한 연구소 조사에 의하면 직장인들이 생각하는 은퇴 예상 나이는 65세이다. 하지만 실제로는 57세로 8년이나 차이가 난다. 예상보다 은퇴가 빠른 이유로는 건강상의 문제이거나 권고사직처럼 본인이 원치 않은 경우도 있다. 이렇듯 예상하지 못한 경우가 대부분이어서 은퇴 이후의 계획은 준비되어 있지 않고 연금 자산이 아예 없는 경우도 14%에 달한다고 한다. 은퇴 이후에 어떠한 일로 소득을 벌어들일지에 관한 것도 준비되지 않은 경우가 많다.

내 친구도 대기업에 다니다가 예기치 않은 퇴직을 맞게 되었다. 은퇴할 나이가 아니라 한창 일할 40대에 일어난 일이다. 평소 대기업에 다니며 안정적인 생활을 누리고 높은 연봉으로 친구들의 부러움을 한 몸에 샀었는데 회사 부서와 관련된 일로 문제가 발생하면서 팍팍한 생활이 되었고 결국엔 퇴사를 마음먹기에 이르렀다.

그야말로 생각지도 못한 일이 생긴 것이다. 처음엔 당황스러워 갈등도 많이 했지만 차라리 조금이라도 젊었을 때 자기만의 사업을 준비하는 것이 현명하다는 판단을 내렸다. 다행히 그동안 해왔던 일과 관련한 일을 찾아 사업을 시작해서 지금은 자리를 잡아가고 있다. 요즘은 평생직장의 개념이 사라진 것도 있지만 대기업이나 안정적인 직장이라 해서 안심할 수 있는 형편은 아니다.

H는 30년 가까이 한 금융회사에 몸을 담고 있다. 그곳에서 사회생활을 처음 시작해서 배우자를 만나 가정을 꾸려왔다. 언젠가 만난 저녁 자리에서 자신의 인생은 회사와 함께 한 것이 전부라며 기쁨도 애환도 모두 그곳에 있다고 이야기했다. 지금 그녀는 한 은행의 지점장이다. 미국에도 있는 유리천장이 한국에서는 오죽했을까? 여성에 대한 편견에 맞서 경쟁에서 뒤지지 않으려고 얼마나 노력했을지 짐작이 가고도 남는다. 지금까지의 삶은 회사와 함께였다면 이제 앞으로 닥칠 은퇴 후의 삶은 오롯이 그녀의 몫이다. 직장에서의 위치를 지키기 위해 고군분투했을 그녀

의 지나온 날들과 앞으로의 시간에 박수와 응원을 보낸다.

이렇듯 직장에서 어느 정도 위치에 오르고 그것을 유지하려면 적잖은 자기계발과 노하우를 갖기 위한 시간들이 필요하다. 그래서인지 요즘은 딩크족들을 심심치 않게 본다. 딩크DINK족이란 'Double Income and No Kids'의 약자로 부부가 맞벌이를 하면서 자식을 두지 않는 사람들이다. 중개 일을 하면 신혼부부들을 많이 보게 되는데 이제는 이러한 딩크족들이 늘어가는 걸 확실히 느낄 수 있다. 어렵게 들어간 직장과 자리를 유지하기 위해 자식 낳기를 미루는 이들도 점점 더 늘어가는 추세다. 그 가장 큰 이유가 경제적인 부분과 육아 문제이다. 최근 들어 육아 제도가 잘 되어 있는 직장들이 많아지는 것은 참으로 고무적인 일이다. 하지만 아직까지는 그렇지 않은 곳도 많아서 직장과 육아를 병행하는 부부들이 더 많다. 아이들이 크는 몇 년간을 위해서 일을 쉰다면 경력 단절에서 오는 스트레스와 경제적인 어려움을 겪게 된다. 다시 이전의 경력을 살려서 들어갈 수 있는 보장된 직장은 얼마 안 된다. 결혼이 늦어지는 것과 함께 아이를 늦게 갖거나 포기하는 일은 참으로 슬픈 현실이 아닐 수 없다.

내가 사회생활을 처음 한 것은 직장에 들어가면서다. 몇 년간 하다 좀 더 많은 수입을 위해서 영업을 하기도 했다. 영업은 수입 면에서 좀 더 낫기는 했지만 여전히 시간에 비해 소득이 나아지지 않는 구조였다. 내

사업을 하려고 여러 가지 일에 도전했지만 일을 하는 과정에서 가장 힘들었던 부분은 수입이 어느 정도 오르면 그 다음은 더 이상 오르지 않는다는 것이었다. 어느 순간 수입의 성격을 바꾸어야 한다는 생각을 하면서 정보를 구하며 기회를 보고 있었다.

제4차 산업 시대, 평균의 시대가 사라지고 있다

예전 같으면 새로운 정보나 세상의 변화를 보려면 책을 보거나 세미나를 다녔다. 그런데 요즘은 유튜브가 생기면서 편리하게 정보를 구할 수 있다. 아침저녁으로 내게 필요한 정보나 흥미로운 일상들을 보며 출퇴근하는 게 요즘 달라진 나의 일상이다. 짧은 시간 동안 필요한 정보를 얻을 수 있다는 것이 큰 장점이기도 하다. 알고 보니 다양하고 실속 있는 정보들이 많았고, 어느새 나도 유튜브 매니아가 되었다.

기술의 발달로 제4차 산업혁명이 광범위하고 급속도로 우리 생활 속에 퍼져갈 것이라는 말이 실감이 나는 요즘이다. 과학의 발전은 인간의 생활을 편리하게 하고 인간의 일을 기계들이 대체하게 된다. 앞으로 10여 년 뒤에는 70%의 새로운 일자리가 생기고 무인 자동차나 인공지능 로봇들로 대체될 것이라는 말도 충분히 납득되는 일들이다.

그런데 발전해가는 기술이 마냥 달갑지만은 않다. 기술의 발전으로 수명 또한 길어져서 은퇴 후에도 30여 년 이상의 노후자금이 필요한데 그만큼의 준비가 되어 있는 사람들이 얼마나 될까? 서울을 기준으로 할 때 부부 생활비로 한 달 251만 원가량 들어간다는 통계가 나왔다. 대부분 20대 후반이나 30대에 결혼해서 겨우 집을 마련하고 주택 융자금에 아이들 학비에 몇십 년을 지내고 나면 일반 직장인들이 따로 자금을 준비를 한다는 것은 좀처럼 쉽지 않다. 그나마 학비를 보조해줄 수 있는 가정에서는 사회 출발이 순조롭지만 힘든 집안은 아이들이 학교를 다니며 학자금 대출을 받고 졸업하고 취직하자마자 대출과 생활비를 감당해야 하는 빠듯한 생활이 시작된다.

그러다 보니 요즘은 대학생부터 직장인들이나 자기 사업을 하는 사람들까지도 너나없이 자기계발 붐이다. 평일 저녁이나 주말 세미나에 가보면 다양한 나이대와 직업군들을 만나볼 수 있다. 백수에서부터 한의사, 의사, 비행조종사, 주부, 대기업 임원, 학교 교사, 유치원 교사, 학원 강사 등 이들은 모두 자기 일을 하면서도 그 일을 좀 더 확장하거나 파생된 다른 방향으로 나갈 수 있는 방법을 배우러 온다. 사업이 잘 되어서 한때는 TV에도 출연할 만큼 유명한 식당을 했던 젊은이가 온 것도 인상적이었다. 한 때는 매출이 높아 방송에도 나가고 승승장구했지만 점점 상황은 달라져갔고 지금 변화하고 있는 트렌드를 배우기 위해 왔다. 직장인이나 사업을 하는 사람들은 물론이고 철밥통으로 불렸던 공무원들도 이제는 길어진 은퇴 후의 삶을 준비하기 위해 분주하다.

예전에는 대학도 지금처럼 많지 않았고 일단 대학에 들어가면 안정된 직장을 보장받았다. 공부를 잘하면 이름 있는 대학을 나와 각종 전문직에 취직하여 미래를 보장받을 수 있었고 공기업이나 대기업에 취직을 하면 평생 안정된 보수를 받으며 걱정 없이 보냈다. 이제는 20년 이상을 배우고 좋은 대학에 간다고 해도 미래가 보장되는 시대가 아니다.

세계적인 경제학자인 타일러 코웬Tyler Cowen은 『제4차 산업혁명, 강력한 인간의 시대』에서 평균의 시대는 끝나고 부의 양극화가 가속되어감을 시사했다. 양극화의 원인은 개인이 소유한 토지와 자본의 증가 때문이다. 이에 대비하지 않은 또 다른 개인은 자유와 평등을 파괴당할 수밖에 없다고 한다. 우리는 그동안의 경험을 통해 이것을 실감했고 이러한 변화들이 빠르게 다가옴을 감지하고 있다. 이러한 변화에 준비하지 않는다면 우리는 부의 양극화 속에서 평균에도 도달할 수 없다.

평생직장은커녕 조기 은퇴가 언제 나에게 닥칠지 모르는 때가 되었고 은퇴 후에도 30년 이상을 보내야 하는 시대다. 젊은 사람들이 결혼을 안하는 경우도 많고 결혼을 하더라도 아이를 갖지 않는 사람들도 늘어가고 있다. 빠르게 변하는 기술들로 시장은 새롭게 변화해간다. 대학을 다니면서도 창업을 꿈꾸고 직장을 다니는 동안 투자를 배우며 사업을 하면서 변화하는 트렌드를 잡기 위해 부단한 노력을 한다. 그중에서도 특히 부동산은 투자 분야에 있어 모든 이들의 뜨거운 관심사다. 불투명한 우리의 미래를 준비하기 위해 시작은 지금이어야 한다.

부동산 불패법칙 4

보이지 않는 위기에 대비하라!

예기치 않은 은퇴가 언제 닥칠지 모른다.

기업도 국가도 이제는 나의 미래를 책임지지 않는다.

제4차 산업혁명은 보다 넓고 빠른 속도로 우리의 생활을 변화시켜간다. 이러한 변화에 대처하지 않는 개인은 점점 더 평균에서 멀어져갈 뿐이다.

자본주의 사회에서 이를 극복할 방법은 토지와 자본의 소유이다. 이것이 개인의 자유를 침해당하지 않을 유일한 방법이다.

05

이대로 열심히만 살면 괜찮아질까?

돈에 대해서 대부분의 사람들이 아는 유일한 기술은 열심히 일하는 것 뿐이다.
– 로버트 기요사키 Robert Toru Kiyosaki

열심히만 산다고 위로 받을 일이 아니다

인천공항은 특성상 3교대 근무자들이 많다. 사업으로든 여행으로든 공항을 이용하는 사람들과 이곳에 근무하는 사람들로 24시간 늘 활기찬 곳이다. 내가 오픈한 부동산은 공항과 그 외 관련 업체들의 직원들의 수요가 대부분이다. 현재는 원룸이나 오피스텔 공급이 적어서 일부러 더 먼곳에서 다니는 사람들도 많다.

그동안 부족했던 공급을 메우기 위해 역 앞은 짓고 있는 오피스텔과 상가 분양으로 한창 바쁘다. 처음 개업하고는 분위기 파악도 할 겸 저녁 늦게까지 일하고 일요일에도 문을 열었다. 아침 일찍 문 열고 늦게까지도 문을 열어놓았다. 아파트 단지 내 부동산은 일요일 다 같이 쉬는 날이다. 서로 약속을 해놓아서 어느 한 부동산이 일요일에 문을 열게 되면 협회로부터 패널티를 받거나 심한 눈총을 받게 된다. 아파트 단지가 아닌 곳은 그런 규정이 없어서 원하면 휴일에 가게 문을 열어도 누구 하나 뭐라 할 사람이 없다. 차별성을 주고 싶고 열심히 하는 부동산이라는 이미지를 주고 싶었던 마음과 또 '놀면 뭐 하나? 하나라도 벌자.' 하는 마음으로 일요일에도 문을 연 것이다.

일요일에 문을 열어놓고 진종일 손님을 기다리는 일은 생각보다 힘들다. 부동산은 특성상 이사철이나 특별한 호재가 있을 때 손님이 많다. 그렇지 않을 때는 주로 주변 상황을 알아보는 시기이다. 때로는 장시간 동안 정보만 듣고 연락처도 주지 않은 채 가는 사람들도 있었다. 물론 어느 정도 성과가 나오기는 했지만 열심히 한다고 원하는 결과가 나오지 않음을 수개월이 지나서야 알게 되었다.

손님이 오면 금액과 입주 날짜가 맞는 물건을 찾아 여러 군데를 다니고 근처에 없으면 다른 동네까지 가서 구하기도 했다. 한 손님과 반나절을 다닌 적도 있다. 손님이 원하는 집을 구하고 계약을 하게 되면 수입도 수입이지만 그들이 만족할 때 나도 너무 좋았다. 마음에 들지 않아 다음을 기약하고 가는 경우도 많다. 다시 오기도 하지만 그렇지 않은 경우가 허다해서 온몸에 진이 빠지고 허무할 때가 한두 번이 아니다. 지금은 손님하고 몇 마디만 나눠보아도 당장 집을 구할 사람인지 아니면 그냥 한번 미리 둘러보러 온 것인지 알 수 있다. 괜히 진 빼고 여기저기 보여주거나 괜한 기대감을 갖는 일은 줄었다.

어느 날 영어 공부 카페에서 드롭박스Dropbox의 창업자인 드루 하우스턴Drew Houston의 연설을 듣게 되었다. 드롭박스는 세계 최대의 인터넷 클라우드서비스 회사다. 자료를 PC에 저장하거나, USB에 저장해서 넣어 다닐 필요 없이 언제든지 자료를 꺼내 쓸 수 있는 시스템으로 편리한 것이 강점이다. 드루 하우스턴은 초창기에 일을 시작하면서 그 분야에서 일하는 사람들을 이렇게 표현했다.

"저는 어렸을 적에 개를 키웠습니다. 공을 던지기 전에 공을 잡고 팔을 들어올리는 순간부터 개의 눈이 뒤집힙니다. 던지는 순간 개는 달리기 시작합니다. 옆에 뭐가 있든지 간에 테니스공을 던지면 개는 그 테니스공만을 향해 질주합니다. 옆에 무엇이 있든지 간에요. 그러한 일들을 하는 이들을 보면서 제가 느낀 것은 열심히 일하는 건 의지력이나 자기 통제력의 문제가 아니라는 것입니다. 그 일을 하고 노력하는 것 자체가 흥미롭고 재미있기 때문입니다."

포기할 수 없을 정도로 흥미롭고 재미있는 나만의 테니스공은 무엇일까? 나는 내가 하는 일이 재미있고 일을 좋아한다고 생각하고 있었는데 돈을 벌어야 한다는 집착이나 현실적인 문제에서 부딪히면 쉽게 지치고 힘이 들었다.

'내가 정말 원하는 삶은 무엇일까? 이렇게 일만 하려고 태어난 것은 아니다. 분명 다른 목적이 있을 거야. 내게 가슴 뛰는 일이 있을까? 그러한 일을 찾는다면 즐기며 하고 또 그러한 일로 수입도 생긴다면 얼마나 좋을까?'

나는 왜 내가 이토록 열심히 사는지에 대해 다시 생각하게 되었고 진정 내가 원하는 것이 어떤 것인가를 되묻게 되었다. 나만의 테니스공이 있다면 쉽게 현실의 상황에 흔들리지 않을 것이다. 목적 없이 열심히만 산다는 것은 쉽게 작은 돌부리에 넘어지고 상처받으며 문제를 크게 확대시키고 큰 장애물로 만들기도 한다. 힘들 때마다 나만의 진정한 테니스공을 찾기 위한 과정이라는 생각을 하며 점차 마음의 균형을 찾아갔다.

부자들은 남의 자본을 활용하여 자신의 자산을 만든다

중개업을 하면 다양한 사람들을 만나게 된다. 몇 년에서부터 때로는 수십 년의 오랜 투자 과정과 노하우를 전해 듣기도 한다. 그들의 이야기를 통해서 뿐만 아니라 현장에 있다 보면 그들이 어떻게 자산을 형성해 가는지 직접 보게 된다. 사람마다 종잣돈을 모으는 방법은 다양하지만 그들이 자산을 키워내는 데는 공통점이 있음을 알게 되었다. 모두 타인의 재산이 함께한다는 것이다.

부동산을 하면서 알게 된 S사장님은 역 근처에 내가 알고 있는 것만도 5필지<small>하나의 지번을 갖는 토지의 기본등록 단위, 넓이는 지번마다 다름</small>나 된다. 처음부터 그랬던 것은 아니었다. 땅을 살 때도 대출을 받고 매입한다. 건축을 하면서도 전세를 원하는 수요자들이 있어서 미리 계약을 하기도 한다. 요즘은 집을 여러 채 사는 데에 대한 대출 규제는 심한 편이지만 직장인이나 일반인을 위한 전세 대출은 그리 어렵지 않다. S사장님 댁에 전세 대출을 이용해 세를 놓아드리면 사장님은 그 돈으로 건축비를 충당하고 다른 땅을 샀다. 땅을 담보로 은행 융자를 받고 건축을 시작한다. 또 전세를 놓는다. 물론 자기 자본도 함께 들어가지만 생각보다 그리 많이 들이지 않으면서 자산을 늘려갈 수 있다. 그렇게 해서 현재까지 땅은 5필지이고, 그중 두 곳은 건축을 마쳐서 세를 다 놓은 곳도 있고 한 군데는 놓고 있으며 한 곳은 땅을 파기 시작했다.

지금 이 곳의 땅 값은 분양 당시보다 2배가량 올랐다. 건물을 지어놓으면 건축과 더불어 가치는 더 올라간다. 아직까지 건물을 판 것은 없지만 후에 가치가 더 올라가서 매매가 된다면 이익은 투자한 금액 이상이 되어 돌아온다. 물론 거기에는 그 동안의 노력과 시간의 가치까지 더해진 금액이 수익화된다. 그리고 이것이 반복된다.

이는 다른 이들의 자금을 이용한 하나의 사례다. 부자들은 타인의 재산을 이용해서 자산의 가치를 높여간다. 이를 시스템화하여 더 큰 자산을 형성해간다. 안타까운 현실은 과거에도 그랬고 지금도 여전히 교육에서는 이러한 것을 가르치지 않는다는 것이다. 내가 지금부터 하려고 하는 이야기는 바로 이 부분에 관한 것이다. 시간을 더 투자하면 더 많은 돈을 벌 수 있을 것이라는 것, 시간과 돈이 비례한다는 것은 착각이다.

'열심히 일하면 보상받는다.'
이렇게 배워왔지만 이는 잘못된 방식이다.

열심히만 살아온 것 같다. 사실 기존에 내가 했던 일은 더 많은 수입을 위해서 많은 시간을 투자하든지, 아니면 많은 돈을 투자해야만 했다. 시간을 더 투자하면 일시적으로 수입이 늘어났지만 지속적이지 못했다. 시간이 어느 정도 지나면 수입이 정체되거나 감소되었다. 그런데도 그때는 그것이 현명한 일인 줄 알았다. 시간과 돈이 비례하지 않는 일이 있고 비례하는 일이 있다는 것을 그때는 몰랐다. 시간이 돈과 함께 가는 방법이 아니라면 결국 많은 시간을 투자하는 것은 점점 더 안정으로부터 멀어지는 일이 된다.

막연히 열심히만 살 것이 아니라 지혜롭게 살아야 한다.

부동산 불패법칙 5

열심히가 아니라 지혜롭게 살아라!

어떤 일에 의지와 통제를 필요로 한다면 그것이 진정 내가 원하는 삶인가 의심해보아야 한다.

그 일은 열심히 할수록 지치고 힘이 들 것이다.

진정 원하는 것을 찾는다면 저절로 열정은 살아난다.

부자들은 어떻게 사는가?

지혜로운 방법으로 누구보다 열정적인 자신의 삶을 살아간다.

06

부동산을 알아야 부자가 된다

부자는 배움에 투자한다.
— 이노우에 히로유키 Inaue Hiroyuki

금융의 노예가 되지 않으려면 스스로 배워야 한다

2017년 대학진로교육 현황조사에서 희망직종으로 공무원 · 교사가 23.6%로 1위, 공공기관 · 공기업이 20%로 2위, 대기업은 19.8%로 3위를 차지했다. 2018년 청소년 통계 또한 가장 근무하고 싶은 곳으로 국가기관25%을 꼽았고 공기업18.2%, 대기업16.9% 순이다. 학교에서는 여전히 좋은 대학에 들어가 대기업이나 공기업에 취직하는 걸 목표로 한다. 직장을 다니면서도 수입을 보장받고 은퇴 후에 연금으로 노후를 보장받을 수 있다는 생각에서일 것이다. 그러면서도 직장인, 사업가, 주부 너나 할 것 없이 모두의 관심사가 있다. 그것이 바로 부동산이다. 은퇴 후 연금을 받는 사람들은 물론이고 더욱이 그러한 준비가 없는 사람들은 꾸준히 수입을 가져다 줄 자산을 준비해놓아야 한다는 게 많은 사람들의 생각이다. 하지만 여전히 그러한 생각조차 갖지 않는 사람들도 있다.

다음에 등장하는 두 사람은 둘 다 내가 아는 사람이고 같은 직종 같은 회사에 근무한다. 친구 M은 파일럿이다. 연봉도 2억 가까이 되어 생활에 큰 불편함 없이 지낸다. 경기도에 40평형대 아파트를 갖고 있고 생활비, 교육비, 부모님 용돈, 몇 백만 원이 넘는 저축을 해가며 생활하고 있다.

"노후는 준비하고 있지?"
"노후? 300만 원 적금을 붓고 있지."

"부동산이나 다른 쪽으로 노후를 준비하고 있는 사람들이 많잖아. 은퇴 후의 준비도 해야 하지 않아?"
"글쎄, 아는 분이 투자를 했다 고생하는 걸 봤는데 함부로 할 게 못되더라. 될 수 있는 한 투자는 안 하려고 해."
"그런 일이 있었구나!"
"난 그냥 은행에 돈 넣어놓고 이자나 받는 게 속 편해. 많이 넣어두면 이자도 어느 정도 나오겠지."

그 말을 듣고 깜짝 놀랐다. 사실은 주변에서 가끔 이런 사람들을 볼 수 있는데 알고 보면 우리는 이러한 금융 교육을 어디서 배우지 못했다. 부모님으로부터 자연스레 배우거나 나름대로 쫓아다니며 경제 공부를 하지 않는 한 체득하기 어렵다. 안다고 해도 내 친구처럼 주변 누군가가 어디에 투자했는데 실패했다더라 하는 이야기를 들으면 용기마저 사그라들기 일쑤다. 투자해서 돈을 번 정보를 여기저기 이야기하는 사람들 또한 드물기도 하고 말이다.

IMF 직후의 경제 위기는 폭락하는 부동산 가격과 더불어 총체적 경제 붕괴 상황으로 이어져 은행 이자는 20%를 넘어서고 부동산은 끝났다는 견해였다. 그러나 정부는 파격적인 부동산 정책으로 2000년 이후부터 부동산 경기를 살리기 시작했다. 이전까지만 해도 두 자리 이자율을 제공했기 때문에 목돈을 은행에 넣어두고 있는 것이 안전하기도 하고 재테크도 되었다. 하지만 지금은 그렇지 않다. 경제는 매년 높은 물가상승률을 보여왔다. 이자가 물가상승을 따라잡지 못하는 한 현금을 은행에 보관하는 것 자체가 마이너스로 돈을 잃는 결과가 된다. 투자를 해놓고 신경 쓰느니 마음 편히 은행에 놔두며 일을 해서 돈을 더 모아 은행에서 나오는 이자로 생활하는 게 속 편하다고 웃으며 이야기한다.

"10억 정도 넣어두고 좀 아껴 쓰며 생활하면 괜찮지 않을까?"

그의 말이다.

앞으로 그의 생각이 변하지 않는 한 열심히 일해서 더 많은 돈을 저축할 것이다. 10억이 모일 때까지 열심히 벌어야 한다. 현재 그가 300만 원 정도를 적금을 한다고 했는데 20년을 넘게 부어도 10억에 못 미치는 돈이다. 역으로 생각해보자. 현재의 10억이 20년 뒤에는 얼마의 가치가 될까? 물가상승률을 감안한 화폐가치는 떨어질 수밖에 없다. 그렇다면 그가 20년 이상 모으고 있는 돈의 가치는 지금의 그가 생각하는 10억이 아니라 그보다 훨씬 못 미치는 금액이 되어버린다.

내 동창은 그 10억을 6년 전에 부모로부터 물려받아 현금으로 보관하고 있던 장본인이다. 다음은 그 친구의 말이다.

"그때는 집과 10억을 유산으로 받았고 혹시라도 까먹을까봐 은행에 넣어두고 있었어. 그런데 시간이 지날수록 돈이 자꾸 줄어드는 거야. 이제는 더 잃을까봐 그것으로 무엇이라도 할까 싶어."

6년 만에 돈의 가치가 떨어진 것을 친구는 실감하고 있었다.

"그때 무엇이라도 했어야 했는데 아쉽네. 지금 이 돈으로 어떻게 해야 할까?"

그녀는 60km나 되는 거리를 단걸음에 왔다. 자신의 자산을 지키기 위해 거리는 문제가 되지 않았다.

나의 시간과 돈은 어디로 향해 있는가

30대 중반의 파일럿인 S는 내가 잘 아는 분의 조카로 싱글이다. 1년 전에 대출을 받고 자기 돈을 들여 23평 아파트를 매입했다.

"세놓아주셔서 감사해요."

"다행이에요. 다른 아파트들과 다르게 태양열도 이용할 수 있어 전기료 절감도 되고 남향이라 인기가 좋아요."

"대출을 좀 받기는 했지만 월세로 60만 원 받으니 이자를 내고도 30만 원 정도는 매달 떼어 저금을 해둡니다. 1~2년 뒤에 시세가 오르면 매매 생각도 있지만 더 두고 보려구요."

향후 아파트 시세나 기타 다른 부동산 방향에 대해 이야기하면서 얼마 전에는 땅도 하나 계약했고 앞으로 자신은 월세가 꼬박꼬박 나오는 건물을 하나 갖는 게 꿈이라고 했다. 1주일을 앞두고 코앞에 떨어지는 스케줄과 시차가 바뀌는 생활을 10년 이상 하다 보니 건강도 안 좋아지고 해서 건물과 같은 것을 매입해서 매달 세가 꼬박꼬박 나온다면 일을 정리할 수 있을 것 같다고 한다.

S의 어머니가 어려서부터 부동산에 관심을 가지고 계셨기 때문에 이를 보고 자란 그녀에게 투자는 자연스러웠다. 돈을 모아 부동산을 사는 것

은 당연한 일이다. 오랜 시간 비행을 마치고 돌아오면 힘들기도 하지만 어떻게든 시간을 내어 물건을 알아보러 다니기도 하고 틈틈이 책을 읽으며 트렌드를 파악한다. 최근에는 서울에 그리 비싸지 않은 빌라를 한 채 구입 했다는 소식을 들었다. 현재 그녀의 시간과 돈은 미래를 향해 있다. 현재 우리의 시간과 돈은 어느 방향으로 가고 있을까?

프랑스 경제학자 토마스 피케티는 『21세기 자본론』에서 다음과 같이 강조한다.

"자산이 만들어내는 수익률은 노동을 통하여 얻는 수익률보다 항상 높고 축적의 속도도 빠르다."
"부자들은 노동과 자산을 함께 이용하여 부를 축적하고 보통의 사람들은 노동만으로 수익을 얻기 때문에 부자가 더 부자가 되는 것은 역사적 사실인 것이다."

이는 그가 그냥 한 말이 아니다. 300년간의 자료와 통계 속에서 나온 발언이다. 과거에도 그랬고 지금도 교육에서는 이러한 것을 가르치지 않는다. 누가 가르쳐주지도 않고 부모에게서도 배우지 못했다면 우리 스스로 배워야 한다. 애써 시간을 내어 금융이나 부동산을 공부하고 자산의 형성 과정에 눈을 떠야 한다. 피케티의 말 중 눈여겨볼 만한 것이 있는

데, 그것은 바로 지적 자산이다. 부동산이나 주식, 채권 등과 더불어 지적 자산 또한 자본이 될 수 있다. 금융에 대한 지식, 정보를 통해 지적 자산을 늘려가는 일이 가능하다.

부동산을 알아야 부자가 된다. 돈을 버는 방법에는 몇 가지가 있다. 노동으로 돈을 벌거나 돈이 돈을 벌게 하거나 자산을 이용해서 돈을 버는 법이 있다. 노동으로 돈을 많이 번 사람들이 있다. 그들은 돈은 벌었지만 써보지도 못하고 평생의 시간을 들여 돈을 벌었다. 물론 가치 있는 곳에 돈을 쓰기도 하지만 정작 본인은 누리지도 못하고 평생을 일만하다 마치는 인생이 된다. 노동을 통해 번 돈으로 은행에 넣는 것은 어떨까? 금융기관의 이자로 돈을 벌려면 지금의 이율로는 은행에 돈을 넣어두는 것은 별 의미가 없다. 은행이자가 20%나 되면 모를까 물가와 자산의 수익을 뛰어넘을 이익을 보려면 아주 큰돈을 넣어놓아야 그나마 벌 수 있다. 부동산뿐만이 아니라 다른 투자 방법으로도 돈을 벌 수 있다. 그런데 이런 방법들은 대부분 기술이 필요한 일이다.

노동만으로 돈을 모아 부자가 될 수 있을까? 노동과 자산을 함께 이용하는 사람들이 노동만으로 돈을 버는 것보다 훨씬 수익도 높고 속도도 빠르다. 이 때문에 부자가 더 부자가 되는 것은 당연하다. 노동과 자산을 함께 이용하여 돈을 벌어야 한다. 우리가 부동산을 알아야 하는 것은 당연하다.

나의 노동만이 아니라 자산이 함께 돈을 벌게 하라!

매년 물가가 상승하는 구조에서 현금을 은행에 보관하는 일은 돈을 뺏기는 일이다.

그동안 우리는 너무도 자연스럽고 당연하게 돈을 강탈당해왔다. 제대로 된 금융의 속성을 파악하고 실물자산에 투자하는 것이 내 돈을 지키는 길이다.

노동과 자산을 함께 이용하여 돈을 버는 길만이 부자가 되는 방법이다.

07

하고 싶은 일만 하며 사는 길

오랫동안 꿈을 그리는 사람은 그 꿈을 닮아간다.
– 앙드레 말로 Andre Georges Malraux

해야 할 일이 아닌 하고 싶은 일이 있는가?

부자들은 어떤 일을 하는 사람들일까? 예술가, 요리사, 운동선수 등 다양한 분야가 있다. 이처럼 자기가 좋아하는 일을 하면서 돈을 벌 수 있다면 이보다 더 행복할 수 있을까?

그렇지만 대부분의 사람들이 자신이 현재 하고 있는 일에 만족을 느끼지 못하면서도 생계유지를 위해서 어쩔 수 없이 하는 경우가 많다. 매달 꼬박꼬박 들어오는 수입과 1주일마다 찾아오는 달콤한 휴식, 어쩌다 갖는 여행은 한 달을, 1년을 이길 수 있게 해주는 힘이다.

많은 사람들이 부동산에 관심을 가지는 이유도 이런 생각에서가 아닐까 싶다. 부동산 투자는 직장생활이나 현재의 일을 유지하면서도 가능한 일이기 때문이다. 노후 대비와 더불어 어느 정도 자산이 쌓이거나 여유가 된다면 언젠가는 하고 싶은 나만의 일을 하고자 하는 사람들이다. 적은 종잣돈을 시작으로 일을 하면서도 투자를 할 수 있는 장점이 있다.

나도 성인이 되고 나서 20년 가까이 일을 해왔다. 처한 상황에 따라 여러 가지 종류의 일을 했다. 그런데 그것이 나의 천직이라는 생각은 안 들었다. 어느 정도는 만족감이 있었지만 결국은 생계를 위한 노동이었던 것이다. 언젠가는 자산을 이루고 정말 하고 싶은 일만 하며 살리라 생각하곤 했다.

직장에 매어 있는 남편들을 대신해서 아무래도 시간적으로 여유를 가진 주부들이 부동산에 관심을 갖고 움직이는 경우가 많다. 그래서 요즘 가장 인기 있는 자격증 중의 하나가 공인중개사다. 은퇴 후에 준비를 위해 따놓는 경우도 있고 특히 요즘 들어서는 젊은 사람들이 일찌감치 준비를 하는 경우도 많다. 나는 투자를 위한 기본적인 지식의 차원에서 준비를 했고 어느새 지금은 부동산을 운영하고 있다.

부동산 중개일은 사람과 돈이 직접적으로 연결되어 있다 보니 신경을 써야 할 부분도 많다. 사람 상대하는 일이다 보니 당연히 여러 가지 일들도 많이 생기는데 외부에서 바라보는 시선들이 불편한 경우가 더러 있다. 얼마 전에 우연히 보게 된 유튜브에서는 경매 상담사가 상담을 해주면서 중개사를 좋지 않게 평하는 것을 보았다. 오로지 중개만을 위해서 양쪽에 서로 좋게 이야기하는 그런 사람들이라는 것이다. 중개사 시험도 영업에 관련한 것들이고 그들은 누가 돈을 더 많이 준다면 그쪽 편에서 말하고 심지어 과장되게 말해서 물건을 파는 사람들이라고 폄하하는 내용이었다.

얼마나 무책임한 말인가? 중개사 시험은 영업에 관련한 것들이라니. 물론 중개에 관련한 것들이다. 영업을 잘하는 사람들이 중개 일을 하는 것도 맞다. 그러나 중개사 시험은 모두 법에 관련된 것들이다. 그런데 참 화가 나면서도 몇 가지 수긍이 가는 면도 있었다. 내가 처음 부동산을 하게 되었을 때 느낀 것이 바로 그러한 것들이었다.

일단 중개사 자격증이 없는 사람들이 여전히 일을 하고 있으며 사람들에게 과장된 말로 물건을 팔고 있었다. 물건을 산 사람들은 나중에 속았다며 부동산을 욕하고 돌아다녔다. 중개사라고 해서 다 그런 것은 아니지만 자신의 자격증이 없는 사람들은 책임지지 않아도 되기 때문에 아무래도 책임감 없이 일하는 경우가 많다. 이를 노리고 아예 작정하고 남의 자격증으로 일을 하는 경우도 있다. 아무리 중개를 한다지만 상대방의 재산이 왔다갔다하는 일이라 참으로 신중해야 할 일이다.

경쟁해야만 살아남을 수 있는 것은 아니다

내가 처음부터 부동산 중개업을 하려던 것은 아니다. 투자를 위해 공부를 하려는 의도가 컸다. 창업을 하던 아는 동생을 도와주려고 시작한 일에서 나는 부동산의 비전을 보았다. 우리 주변 사람들이 부동산으로 자산을 키워나가는 것을 직접 목격할 수 있었다.

물론 처음 적응하는 데 힘든 면이 있었지만 하면 할수록 재미있었다. 부동산을 차리게 되면서는 본격적으로 나의 시간을 가지며 궁금한 것은 알아보고 내가 시간을 내고 싶을 때는 어느 정도 자유롭게 쓸 수 있었다.

내가 본 부동산업은 참 바쁜 일이다. 일을 만들어서 하려면 한도 끝도 없다. 나는 그렇게 일하는 것이 싫었다. 일부러 그러는 것은 아니지만 일을 하다 보면 손님이 겹치기도 하고 오해를 사기도 한다. 이러한 것들을 신경을 쓰게 되면 여간 힘들어지는 일이 아니다. 본의 아니게 경쟁을 하게 되기도 한다.

우리는 수십 년을 넘게 남과 비교당하거나 비교하며 그렇게 살아왔다. 학교 때는 성적으로 사회에서는 실적으로 결혼하면 재산으로 아이를 낳으면 자식으로 서로 경쟁하며 비교하고 비교당하며 살아왔다. 그러한 사회적 환경에 놓이고, 그렇게 사는 것에 익숙해져 있다. 남과 경쟁해야만 조금이라도 소득을 더 벌 수 있다거나 하는 것들 말이다. 이러한 생각을 하다 보니 서로 경쟁하듯 살게 되기도 한다.

부동산끼리 서로의 이익 앞에 이기적인 면이 드러나는 경우에는 실망이 이만저만이 아니다. 이곳에도 상도가 있지만 그 상도는 자기의 편의를 위한 해석에만 쓰이는 것을 목격하기도 한다. 이를 무시하는 경우도 있고 오해가 되기도 하지만 그러한 일이 생기지 않도록 노력해야 하고 일이 생겼어도 서로 오해를 푸는 것이 필요하다. 처음에는 나도 이러한 일들로 마음 상하기도 하고 또 일 욕심 때문에 스트레스를 받기도 했다. 지금은 그러한 것에서 많이 자유로워졌다. 저마다 자기의 입장에서 해석하고 판단한다고 생각하면 큰 시시비비를 가려야 하는 때가 아닌 한 이해 못 할 것도 없다.

나도 한때는 일중독이라 할 정도로 일만 하고 살았던 때가 있다. 처음부터 그랬던 것 같지는 않다. 아마 갚아야 하는 빚과 돈을 더 벌고 싶은 욕심 때문이었는지도 모른다. 그러면서 몸도 많이 상했었다. 부동산을 하면서 또 그러한 전철을 밟고 싶지는 않았다.

이렇게 시간을 보내며 많은 사람들을 중개하고 부동산 공부를 하면서 시간이 흘렀다. 어느 정도 적응이 되면서는 더 시간을 자유롭게 쓰고 싶은 욕심이 생겼다. 지금도 좋지만 내가 원하는 것에 더 집중하고 정말 원하는 일만 한다면 얼마나 더 좋을까 생각하곤 했다.

어느 순간 중개 일을 하면서 내가 그동안 알지 못해서 아쉬웠던 절실한 부분들을 사람들에게 알려주고 싶다는 생각이 들었다. 때로는 손님으로 오는 사람들에게 정보를 주면 너무 고마워하는 분들도 있다. 내가 10여 년 가까이 몰라서 투자가 힘들었던 부분들을 똑같이 겪고 있는 사람들이 있다. 나의 경험과 작은 정보들이 그들에게 도움이 되고 나 또한 그들을 통해 의미를 알아갈 수 있을 것이다.

정말 내가 진정 하고 싶은 일을 하며 살고 싶다. 하고 싶은 일을 하는 사람들은 그 일을 하는 과정에서 어떤 힘든 일이 생기더라도 심적인 부담을 느끼지 않는다. 진정으로 자기가 좋아하는 일을 하는 사람들은 그 자체가 행복이기 때문에 일을 할수록 더 즐겁고 그럴수록 경제적인 부분도 저절로 따라오게 된다. 열심히만 일한다고 결과가 따르지 않는 이유는 내가 좋아하는 일이 아니기 때문이다. 경쟁을 해야만 더 벌 수 있다는 생각이 경쟁을 불러오고 부족하다는 생각이 부족함을 가져온다. 세상은 실제로 자기가 원하는 방향으로 가기 때문이다. 세상은 더 없이 풍요롭고 아름답다. 저마다 원하는 것이 다르기 때문에 각자의 풍요로운 삶을 서로 응원하며 살아갈 수 있다.

부동산 불패법칙 7

진정으로 하고 싶은 일을 찾아라!

직장을 다니면서도 자기의 일을 하면서도 하고 싶은 일을 할 수 있다. 내가 하고 싶은 일은 경쟁해야만 살아남을 수 있는 일이 아니다. 무엇보다 중요한 것은 그러한 일을 찾겠다고 마음먹는 일이다.

내가 원하는 일이라면 즐기면서 풍요롭게 이루어갈 수 있다.

08

가난할수록 부동산이 답이다

가난하게 태어나는 것은 당신 잘못이 아니다.
그러나 가난하게 죽는 것은 당신 잘못이다.
– 빌 게이츠 Bill Gates

누군가는 생각만 하고 누군가는 하다 만다

그러나 또 누군가는 계속하고 있다

부자가 되는 방법은 수만 가지가 있다. 부자 부모를 두는 일은 논외로 하고 일찌감치 운동이나 특별한 일에 재능을 찾아 운동선수가 되거나 연예인이 되어 젊은 나이에 부를 이룬 사람들도 많다. 자신의 관심 분야에 온 열정과 시간을 쏟아부어 성공한 이들의 이야기는 언제 들어도 좋다. 특히 소위 아무것도 없이 맨주먹으로 시작한 용감한 흙수저들의 이야기는 더욱 그러하다.

10여 년 전부터 부동산을 시작해서 지금은 수십억 자산가가 된 직장인이 있다. 많은 직장인들이 그렇듯 하루 대부분의 시간을 회사에서 보내고 퇴근을 하고도 온전히 제 시간을 갖기가 쉽지 않다. 황금 같은 시간에 피로를 풀어줄 TV나 주말 영화는 달콤한 유혹이다. 그럴 때 그는 부동산을 공부하고 임장을 갔다. 남들 다 하는 외식 한 번 제대로 못하고 옷도 제대로 입지 못한 채 알뜰살뜰 모은 피 같은 돈으로 투자를 시작했다고 한다. 고생한 부모님을 위해 노후라도 편안히 모시고 싶었고 자기 자식들만큼은 돈 때문에 하고 싶은 일을 못하는 일이 없어야겠다는 생각으로 집념을 불태웠다.

그는 지금 수십여 채에 달하는 부동산을 보유하고 있다. 여러 부동산 투자를 시도하고 수익률이 좋은 쪽으로 집중한 끝에 이루어낸 결과다. 또한 자기가 특별히 재주가 있어서 그러한 자산을 일군 것이 아니라고 한다. 부동산에 지속적인 관심을 갖고 공부한 끝에 얻게 된 결과다. 그는 지금도 직장을 다니고 있다. 꾸준히 부동산에 대한 공부를 하며 미래를 준비하고 있다. 앞으로도 계속 자신에 대한 투자를 하며 연봉을 올리는 일을 게을리하지 않겠다고 다짐한다.

위의 이야기를 보며 많은 부분에 공감하기도 하고 나의 지난날을 아쉬워하기도 했다. 사실 그가 투자에 관심을 가지던 그 해에 나도 동생과 함께 여러 지역을 다니며 임장을 했었다. 그때는 일이 바쁘다는 핑계로 돈을 지불하고 업체에 의뢰해 추천해주는 물건만 보러다녔다. 학원은 주말에 더 바쁘다. 당장의 수입을 위해서 현재의 시간을 온전히 투자했었다. 그러다 또 다른 기회를 놓치고 말았다. 그때 시간을 나누어 미래에 투자했어야 했다. 회사에서 추천해주는 물건을 공부도 하지 않은 채 보기만 하면 제대로 판단이 서지 않는다. 그러니 실행으로까지 이어지기는 힘들었다. 여기저기서 조금만 부정적인 이야기가 나오면 안 하길 잘 했다는 생각으로 위안을 삼았다. 시간이 걸리더라도 직접 공부를 해야 한다.

지속적인 관심으로 시간을 내어 공부를 한다면 누구든 어렵지 않게 부동산에 입문할 수 있을 것이다.

공부를 하고 알게 되면 확신이 선다. 내가 직접 부동산 중개업을 하며 확실히 느낀 것은 그것이다. 이곳에 들어와 있으니 흐름을 알 수 있고 부동산 투자에 기준이 서게 된다. 확신은 행동으로 이어지게 되어 있다.

기회는 위기의 옷을 입고 우연처럼 다가온다,

내면의 소리가 들리는가?

한 부동산 전문 투자자는 직장인이었다. 20여 년 가까이 교육을 받고 좋은 대학을 나와 누구나 다 부러워하는 좋은 직장에 들어가 10여 년이 넘는 시간 동안 능력을 인정받고 결혼을 하고 아이를 낳았다. 남들이 인정하고 본인 스스로도 그런 것 같은 삶을 살아가고 있었다. 하루 15시간

이상 주어지는 업무량을 빼고는 크게 별 탈 없이 앞으로도 무난하게 살아갈 수 있을 것 같았다. 그러던 어느 날, 주변인이 과도한 업무와 스트레스로 쓰러지면서 자신의 삶을 돌아보게 되었다. 지금껏 자신의 삶이 진정 자신을 위한 것이 아니라 다른 사람을 만족시키기 위해 힘겹게 경쟁하며 살아왔다는 것을 깨닫게 되었다.

결국 그는 갈등 끝에 자신을 위한 삶을 살기로 결심하고 회사를 나왔다. 다만 내 집을 마련하고 남들처럼 부동산에 관심이 있는 정도였다. 퇴직 후 부동산에 관련된 공부를 하며 확신을 갖게 되었고 투자를 시작했다. 그의 말에 의하면 직장생활보다 더 치열하게 일을 했다고 한다. 새벽부터 일어나 밤늦은 시간까지 말이다. 그래도 그것은 자신을 위한 일이었다. 지난날 회사를 위해서 밤을 새던 것과는 다른 것이다. 그렇게 치열한 시간을 보내고 3년 만에 고정수입이 생기면서 그는 일과 시간에서 자유로운 사람이 되었다.

그가 회사에서 그토록 열심히 10년 이상 일했지만 남은 것은 간신히 살고 있는 집뿐이었다. 본격적으로 온전히 3년을 투자하고 치열하게 산 결과 젊은 나이에 경제적인 자유를 얻을 수 있게 되었다. 그 또한 자기가 남들보다 뛰어난 재능이 있는 것은 아니라고 했다. 다만 남들이 편히 쉬고 안일한 생각으로 있을 때 비전을 가지고 자신의 시간을 미래에 투자한 결과다.

나도 20대 중반에 직장에서 사회생활을 시작했다. 대기업은 아니었지만 그런대로 재미있었다. 한 달이 지나면 꼬박꼬박 나오는 급여가 신기하기도 했다. 그러나 그것도 잠시 정해진 시간에 나가고 퇴근하고 별 의미 없는 사람들과 마주해야 하는 것이 싫었다. 돈도 만족스럽지 못했기 때문에 오래 다니지 못했다. 그리고 몇 번 직장을 옮기다가 영업을 하게 되었고 내 일을 하기 위해서 몇 가지를 시도하기도 했다. 먹고 살 만큼만 벌고 나면 그 이상은 진전이 없었다. 만만치 않았다. 딱히 결과가 보이지는 않았지만 그래도 마음만은 포기할 수 없었다. 언젠가는 내가 만족할 만한 무언가를 찾을 거라는 기대를 갖고 있었다. 그렇지만 마음만 있고 행동은 없었다. 그 당시는 찾을 만한 여유가 없다는 생각이 들었다. 좀 더 나의 내면에 귀기울였어야 했다. 그렇게 무언가 나 자신과 소통이 되지 않을 때 몸이 아프다. 이명이 오고 어지럽고 몇 번을 쓰러지면서도 나에게 주는 메시지를 알아차리지 못했다.

지난날의 나와 그들이 다른 이유는 무엇이었을까? 원하는 것을 이루어 내는 사람들은 저마다 원하는 것이 분명하거나 자신의 내면의 소리를 따라간 사람들이다. 그렇다면 그것은 특별한 사람들만 이룰 수 있는 것일까? 그들은 모두 그렇지 않다고 말한다. 그리고 그들은 처음에 모두 초보자였다. 다만 관심을 가졌고 공부를 했고 그것이 자신들의 꿈을 이루어줄 것이라는 확신을 가졌던 사람들이다. 이 사람들은 모두 흔히 우리 주위에서 쉽게 볼 수 있는 직장인이고 주부이다. 큰돈을 들여서 시작한 것도 아니고 적은 돈으로 시작해서 자산을 이룬 경우이다.

'정말 이런 일이 가능한 것일까?'

이 의문은 내가 10년 전에 가졌던 의문이다. 사실 이것은 충분히 가능하다. 지나간 7~8년 전부터 부동산을 사기만 하면 오르던 시기가 있었다. 이는 딱히 무슨 기술이나 특별한 재능이 있어야 가능한 일이 아니라 시기적으로 부동산이 오르는 시기였던 것이다. 물론 지역에 따라서 좀 덜 오르거나 조정을 갖는 곳도 있다. 지역마다 시기가 다르기도 하다. 오히려 그렇기에 부동산은 언제나 기회이다. 시기와 자금에 따라 적절한 물건을 택한다면 누구나 부동산으로 부를 이룰 수 있다.

가난할수록 부동산이 답이다. 가난한 가정에서 태어나 평범한 직장인이 알뜰살뜰 모은 종잣돈으로 수십억 자산가가 되고 대기업에 다니던 직장인이 은퇴 자금으로 출발한 투자의 결과 시간과 경제적인 자유를 누리게 되었다.

평생을 집에서 가정을 돌보던 주부는 우연히 토지를 사면서 예기치 않은 수익을 얻고 부동산 공부에 매달려 이제는 월 천만 원의 소득을 올리

는 자산가가 되었다. 그들이 특별한 재능을 가졌다거나 큰돈으로 출발
한 것은 아니다. 많은 사람들이 '이제 부동산은 끝이다.'라고 이야기할 때
시작했고 세상은 불공평하다고 말할 때 자신의 길을 찾아 묵묵히 방법을
찾은 사람들이다.

부동산 불패법칙 8

행동하는 자가 결실을 이룬다!

1만 시간의 법칙은 어디에나 통한다.

생각하고 찾았다면 행동해야 한다. 지속적인 관심은 행동으로
이어지고 신념은 결실을 가져다준다.

전문가만이 할 수 있는 것이 아니다.

일반인도 어느 한 분야에 시간과 정성을 쏟는다면 누구나 가능
하다. 부동산은 더욱 그러하다.

① 미개발지 땅에서 비전을 보다

김 여사는 평택에서 식당을 운영한다. 하루는 부동산에서 땅을 사두라는 말을 듣고 300여 평의 땅을 샀다. 그동안 열심히 일만 하며 돈을 불릴 생각조차 하지 못하고 식당을 하며 돈을 모아두기만 했었다. 너도나도 부동산 투자를 한다지만 믿을 만한 사람도 없고 해서 그냥 은행에 돈만 모아두고 있는 상태였다. 그러던 어느 날 손님으로부터 사는 곳 주변의 땅이 개발된다는 소식을 들었다. 부동산에서 친분을 쌓았던 공인중개사를 통해 자연녹지를 구입했다. 어차피 은행에 두느니 땅에라도 묻어놓자는 생각이었다. 그리고 몇 년 뒤 주변에 산업단지가 들어서며 땅값은 3배 이상 뛰었다. 최근 김 여사는 시간이 날 때마다 가격이 저렴하면서 개발되지 않은 땅을 알아보러 다닌다. 김 여사가 매입한 땅은 미개발지로 주변의 산업단지가 들어서며 땅값이 오른 경우다.

2장

부동산 투자를
시작할 때
명심할 것들

01 돈 되는 물건은 따로 있다

– 실전이 불패의 성공을 부른다

　② 마이너스 분양권으로 시세 차익 보기

02 도시의 정보를 알아야 한다

03 부동산은 속도가 아니라 방향이다

04 알면 돈 되는 분양권이 있다

05 월세 받는 수익형 부동산

– 실전이 불패의 성공을 부른다

　③ 다가구 건물로 월세 수익 올리기

06 부동산, 언제나 기회다

07 가장 뜨거운 지역을 사라

08 하늘이 무너져도 돈 버는 사람은 있다

01

돈 되는 물건은 따로 있다

> 보다 높은 성장을 목표로 한다면 무엇을, 어떻게 성장시키려는 것인지를
> 명확하게 밝혀야 한다.
> – 사이먼 쿠즈네츠 Simon Kuznets

진짜 고수들에겐 확실한 투자관과 함께하는 전문가가 있다

대부분의 사람들은 돈이 안 되는 물건을 사고 있다. 누군가가 좋더라 하는 곳을 덩달아 함께 투자하는 경우가 대부분이다. 물론 그렇게 해서 이익을 보는 경우도 있지만 무작정 따라한 경우는 이익이 있기도 하고 없는 경우도 있다.

"사장님, 손님 좀 있나요?"

"임대료가 비싸다 보니 엄두를 못내는 상황입니다."

"월세를 350만 원을 받을 수 있다고 해서 분양을 받았습니다. 잔금을

치러야 하는데 걱정입니다. 세를 낮추어도 좋으니 꼭 좀 부탁드려요."

바로 역 앞에 상가를 분양받은 P여사는 100억 자산가가 투자한 곳 부근에 위치한 상가를 분양 받았다. 역 앞이라 물론 향후에 좋아질 것은 분명하지만 분양가가 너무 비쌌던 것이 문제였다. 여러 사람과 함께 이곳을 분양 받았지만 상권이 형성되기 전이라 처음부터 비싼 임대를 주고 들어올 임차인을 좀처럼 구하기 힘든 상황이다. 그중 잔금을 치를 여력이 되지 않는 분은 수천만 원에 달하는 계약금을 포기하기도 했는데 이것이 마이너스 프리미엄이다. 부동산을 매입할 때 분양은 여러 가지 이점이 있지만 분명 주의할 점이 있다. 투자금과 적정 수익률 등 기타 여러 가지 위험요소를 감안해야 한다. 부동산은 큰돈이 오가는 투자이기 때문에 누가 한다고 해서 무작정 따라했다가는 큰코다치기 십상이다. 돈이 큰 만큼 항상 전문가와 의논하고 자신에게 맞는 투자가 필요하다.

내가 알고 있는 노부부는 10년 이상 영종도에 살면서 원룸을 여러 동 지어 임대를 하고 오피스텔도 여러 채 갖고 계신다. 이번에도 점포 주택을 하나 매입하고 싶어하셨는데 나와 있는 물건 중에 꼭 마음에 드는 것이 있었지만 매도자 측과 가격이 맞지 않아 애를 태우는 상황이었다. 나는 꼭 점포 주택만 고집하지 말고 투자금에 맞추어 시세보다 저렴한 상가 쪽으로도 생각해보시라고 말씀드렸다. 그 분들은 땅을 직접 사서 건축을 하고 투자 경험도 많으신 분들이라 며칠 뒤 자세한 상황과 분석 끝에 상가를 결정했다. 이 상가는 이미 지어진 것이고 다른 것들에 비해 분양가가 저렴해서 상권이 자리 잡기까지의 기간을 충분히 두고도 만족스런 수익률을 거둘 수 있다.

이런 물건은 쉽게 나오지 않는다. 나는 분양하는 상가가 나오면 자료를 받아 일제히 분석을 한 뒤 그중 가장 적정한 가격이라 생각하는 것만을 추천할 것으로 정해놓는다. 부동산을 하면 여러 사람을 만나게 되는데 진짜 경험이 많고 수익을 잘 내는 고수일수록 자기 투자관이 확실하면서도 전문가의 말에 귀기울이고 신중한 결정을 한다.

점포 주택지에 여러 필지를 가지고 있고 직접 건축하는 H사장은 자산의 규모가 50억대인데 그분 또한 그러하다. 20년 이상 건물을 지어 임대하고 매매하면서도 새로운 땅을 매입할 때는 꼭 의견을 물어서 결정한다. 건물이 건축되어 임대할 때가 되면 늘 지금의 임대 시장 상황을 의논하고 임대료를 책정하는 데 있어서도 나의 의견을 많이 수렴한다. 다른 분들의 투자를 받아 건축을 할 때에도 시장의 상황에 맞춘 적정한 수익률과 대안을 제시해서 투자자들의 만족도가 매우 높다. 이렇듯 경험이 많음에도 불구하고 요즘 추세에 늘 신경을 쓰고 무엇을 결정할 때에도 여러 의견을 듣고 신중한 결정을 하신다. 그래서 이분이 이만큼의 부를 이루었다는 생각이 든다.

가끔 손님 중에는 서너 달에 한 번씩 부동산에 들러 땅이나 건물의 시세를 물어보고 가시는 분이 있다. 매번 한결같이 살 것처럼 하고는 사시지 않는다. 지난 번보다 가격이 올랐다는 이유다. 당연하다. 부동산은 시간과 함께 가치가 올라가기 때문에 초기에 갖는 리스크가 프리미엄이 되어 시기마다 적정 가격이 매겨지기 마련이다. 그래서 부동산 매입에 있어서 타이밍은 무엇보다 중요한 요소이다. 부동산에 대한 아무런 지식도 없이 무조건 예전보다 가격이 올랐다는 이유로 매번 망설이는 그분은 실제 돈을 가지고 있어도 투자는 힘든 성향이다.

사실 나 또한 10년 전에 그런 사람들 중에 하나였다. 관심이 있어서 투자하고 싶은 물건이 생겨도 이 가격이 적정한 것인지, 이러한 개발이 잡혔으니 무조건 사야 한다는 중개인들의 말을 그대로 믿고 사야하는지 망설여지곤 했다. 관련 서적들에서 적은 돈으로도 투자가 가능하다고 하면서 투자처를 언급했지만 용기를 내기란 좀처럼 쉽지 않았다.

내가 중개업을 시작한 것도 바로 그러한 이유다. 시장의 흐름을 읽고 직접 물건을 고르고 분석해서 투자하기 위해서다. 나는 손님들이 원하는 물건을 분석해서 정보를 주기도 하지만 확실한 물건이 나오기를 기다렸다 투자를 한다. 막연한 개발 호재를 따르기보다는 얼마큼의 투자를 어느 시기에 해야 하는지 알게 되었고 실패하지 않는 투자에 있어서 몇 가지 원칙을 갖게 되었다. 이러한 원칙은 어떠한 외부 요인, 즉 정부의 부동산 정책이나 지역적인 특성 부분에도 최소한의 리스크를 갖게 한다.

돈이 되는 물건을 고르기 위해서는 기본 원칙을 명심하자

다음은 돈이 되는 물건을 고르기 위해 알아야 할 몇 가지 기본 원칙들이다.

첫째, 부동산의 흐름을 알아야 한다. 투자자 입장에서 보면 가격의 변화라고 생각하면 쉽다. 부동산 시장은 여러 요인에 의해 영향을 받는다. 금리 상황, 정부의 정책, 개발 호재나 인구 유입 상황 등 이외에도 여러 가지가 있지만 중요한 것은 4~5년을 상승과 하락을 반복하는 주기성을 지니며 물가와 더불어 상승한다는 것이다. 이러한 흐름을 이해하면 투자 시기를 정하는 데 도움이 된다.

둘째, 나의 투자 성향에 맞는 투자가 필요하다. 현재 확보 가능한 투자금과 투자 성향에 맞는 방법으로 투자를 해야 한다. 투자금과 투자처를 분산하여 투자할지, 금액을 키워 한군데에 투자할지 여부가 결정된다.

셋째, 나에게 맞는 투자 물건을 고른다. 물건으로는 오피스텔, 호텔, 아파트, 토지, 상가, 점포 주택, 빌딩 등 여러 가지가 있고 이를 분양권의 형태로 할지, 실물자산으로 할지 정해야 한다. 고객 중에 어떤 분은 물건이 무엇이든 분양권을 선호하는 분이 있는가 하면 실물자산만을 고집하는 분도 있는데 이는 투자의 성향에 따라 달라지기 때문이다.

넷째, 수익률을 분석해야 한다. 기본적인 수익률 정도는 알아야 하는데 그리 어려운 것은 아니다. 수익률은 1년 치 임대료의 합을 투자 금액으로 나누면 간단히 산출할 수 있다. 거기다 임대료의 상승분에 맞추어 역산하여 물건의 가격을 산정하면 이 상승분이 시세 차익이 된다.

다섯째, 레버리지를 활용한다. 정부는 8.2 대책 이후 부동산 전반에 걸친 대출 규제를 하고 있는데 자신에게 맞는 한도 내에서 적절한 은행 대출은 초기 비용의 부담을 덜어줄 뿐 아니라 여전히 수익률을 높이는 데 큰 몫을 한다.

여섯째, 전문가와 협업해야 한다. 부동산은 특히 시장의 성격상 지역적인 특색을 많이 따른다. 투자하는 곳에 자신과 맞는 부동산을 선택하여 지속적인 관계를 유지해야 한다. 분석과 통계는 시간적인 차이가 최소 수개월 나는 경우가 많다. 현장의 유동적인 상황을 그때마다 파악하는 게 중요하다. 부동산 중개망을 통한 진짜 정보나 급매 정보는 중개업자들만 가지고 있다. 물건을 거래하는 고객과 중개인의 관계이지만 신뢰가 형성되면 고급 정보가 있을 때 선점할 수 있는 기회를 잡을 수 있다.

돈 되는 물건을 고르기 위해서는 공부가 필요하다. 부동산의 종류는 여러 가지가 있다. 우선 내 자금으로 어떤 물건에 투자가 가능한지 알아본다. 레버리지를 활용할 때 얼마큼의 수익률이 나오는지 그것이 적정한 것인지도 판단해본다. 그리고 투자에 있어서 항상 기억해두어야 할 것은 바로 '가격'이다. 가격이 곧 수익이다. 실제 현장에서는 금쪽같은 자신의 돈을 분위기에 휩쓸려 투자한 경우를 자주 보곤 한다. 부자들은 어떻게 투자하는가? 그들은 투자의 원칙을 따르며 계속해서 공부해간다. 그리고 전문가에게 조언을 구하고 분석한 다음 투자를 한다. 그러기에 더욱더 안전하게 부를 축적해간다.

부동산 불패법칙 9

돈이 되는 물건을 사라!

누군가가 했다고 따라하는 것은 가장 어리석은 투자다.

돈이 되는 물건을 사기 위해서는 기본적인 수익률 정도는 파악할 줄 알아야 한다. 실현 가능한 수익률을 계산하면 적정한 가격이 산출된다. 그 가격에 사면 된다. 실현 가능한 수익률은 그 지역의 전문가와 의논해야 한다.

명심하자! 무엇보다 중요한 건 이상적인 수익이 아니라 현실적인 수익이다.

② 마이너스 분양권으로 시세 차익 보기

입주 전까지 프리미엄이 올라가는 곳도 있지만 내려가는 곳도 있다.

입주 시기부터 몇 개월간 가격이 다양한 물건들이 나온다.

개인적인 사정으로 등기를 할 수 없는 아파트 분양권이 있다.

이때 마이너스 분양권은 사는 즉시 수익이 나는 물건이다.

투자로도 좋고, 실거주로도 당연히 좋은 투자다.

02

도시의 정보를 알아야 한다

지식에의 투자는 항상 최고로 좋은 이자를 지급한다.
– 벤자민 프랭클린 Benjamin Franklin

부동산 흐름, 가격이 타이밍을 결정한다

나는 앞에서 돈이 되는 물건을 고르는 첫 번째 원칙으로 부동산의 흐름을 알아야 한다고 말했다. 가격의 변화를 알 수 있으면 투자 시기를 잡는데 큰 도움을 받을 수 있다. 어느 지역이 재건축, 재개발 된다던가 새로운 교통노선이 생겨서 좋아진다던가 하는 호재가 나오면 아무래도 관심이 가지 않을 수 없다. 요즘은 부동산의 관심도가 워낙 높아서 어떤 지역에 호재가 될 만한 게 있으면 그에 관한 기사를 쉽게 찾아볼 수 있다.

나의 경우 기사가 있으면 각 시청이나 구청의 홈페이지를 본다. 일의 진행 단계가 어떻게 되는지는 직접 담당자와 통화하고 그 지역의 중개업소를 방문해서 기간이 앞당겨지거나 늦춰질 수 있는 여지가 있는지도 알아보아야 한다.

그냥 무턱대고 호재만 듣고 투자했던 H는 서너 달에 한 번씩 전화를 한다.

"아직 매매가는 변동이 없나요?"

"네, 지금은 그 가격 선입니다."

"좋아진다고 해서 샀는데 언제쯤 오를까요?"

"전세가가 매매가의 74%입니다. 전세가 비율은 괜찮은 편이예요. 조금 더 오를 여지도 있어 보입니다."

"매매가가 좀 오르면 어느 정도에서 파는 것이 좋을까요?"

"애초에 생각해두셨던 이익금은 어느 정도인가요?"

"생각한 거는 따로 없고 일단 오르면 생각해보려구요."

"네, 알겠습니다. 오르는 진행 상황 봐서 상의드리겠지만 일단은 어느 정도 선에서 정리하실지 미리 생각을 해놓으시는 게 좋을 듯합니다. 무조건 기다리다가 시기를 놓치기 십상이거든요."

H의 경우처럼 대부분은 좋아진다더라 하는 이야기만 듣고 투자한 사람들은 나름대로 얼마의 이익이 났을 때 매도를 할지 투자 회수 기간이

길어지면 어떤 대안을 가져야 하는지도 생각하지 않는다. 간혹 연세가 드신 분들은 왜 이렇게 안 오르냐며 화를 내기도 하는데 정작 본인이 투자한 지역에는 오지도 않으면서 볼멘소리를 하는 경우가 있다.

부동산은 아무리 작은 아파트라 하더라도 최소 몇천 만 원에서 몇 억이 왔다갔다하는 시장이다. 나의 돈을 투자하는데 기본적인 공부와 현장 답사는 필수다. 그리고 매입 후가 더 중요한데 지역의 돌아가는 상황이나 변수를 관심 있게 지켜보면서 매도 타이밍을 잡아야 한다. 어느 정도 수익률을 정해놓고 진행하면 마음의 여유도 생기기 마련이다. 그러나 대부분은 욕심이 생겨서 가장 높은 가격일 때 매도하고 싶어서 시기 맞추기가 어려운 면이 있다.

투자는 한번에 끝나는 것이 아니기 때문에 어떠한 진행 과정과 결과도 공부로 삼아야 한다. 나의 돈이 들어가는 만큼 도시의 정보를 찾아보고 매입 시기를 잡아야 한다. 당장 몇 년 뒤 얼마가 오른다던가 하는 핑크빛 전망만 하는 곳이 있겠지만 가장 중요한 것은 리스크가 될 만한 요소들을 짚어보고 대안을 찾아보는 것이다. 몇 가지 의견을 듣고 나의 자금 사정에 맞추어 최종 결정은 내가 내린다. 안절부절 못하는 경우는 대부분 자금 압박 때문이다. 나의 사정에 맞는 투자 금액과 적절한 시기의 투자는 실패율이 적다.

인터넷 정보망을 이용하라

지인을 통해서 알게 된 A는 제대로 된 투자의 자세를 가진 사람이다. 작년 봄에 25평 아파트가 특별 분양을 했다. 이 아파트는 2013년 입주가 시작되었지만 개발 호재가 늦어지면서 남아 있는 물건을 회사가 전세로 돌리고 만기일이 다가오자 이자 혜택을 주며 특별 분양을 한 것이다. 요즘은 소형 평수가 대세인 데다 바다가 보이는 뷰를 갖고 있는 입지는 흔치 않다. 예전에는 썰렁했지만 5년이 지나고 제법 상가도 형성되고 초등학교와 중학교 개교를 앞두고 있어 투자자의 입질이 몰려왔다.

분양 소식을 듣고 알고 지내던 부동산 카페 모임 리더로부터 연락이 왔다. 아는 동생이 이곳의 아파트를 알아봤다고 하며 잘 골라주었으면 한다는 것이다. 그런데 분양 막바지라 인기 타입과 층이 남아있을 리 만무했다. 그 동생은 이미 이 아파트의 어떤 동이 좋고 어떤 타입이 인기 있는 것인지 모두 다 알고 있었다. 안성에서 온 A는 투자하려는 지역의 맘 카페에서 정보를 최대한 듣고 왔다고 했다. 지역의 개발 호재가 얼마만큼 진행되었는지 향후 어떨지는 기본이고 얼마 정도는 오를 것이라는 것까지 예상하며 기대에 찬 눈빛으로 한걸음에 달려온 것이다. 원하는 물건이 없는 상태라 아쉽지만 차선이라도 선택해야 하는 상황이었다. 나는 포기하지 않고 물건을 찾았다. 다행히 친분 있는 본부장에게 얘기해서 원하는 타입을 더 저렴한 금액으로 분양 받을 수 있게 해주었다. 그리고 한 달이 채 안 되어 전세를 놓아주었다.

요즘은 인터넷이 발달하고 지역 카페 모임이 활성화되어 있다. 카페에는 현재 이 지역을 살고 있는 사람들의 생활이 고스란히 담겨있다. 좋은 일이나 불편한 일, 또는 지역의 활성화를 위해서 힘을 모아야 하는 일 등이 고스란히 보여진다. 물론 다른 지역 사람들에겐 가입 자격이 주어지지 않는다. 다른 지역 사람들은 검색을 통해 정보를 수집할 수 있는데 민감한 내용을 제외한 대부분의 것은 볼 수 있다. 이렇게 적극적인 투자자는 여러 통로를 활용하여 원하는 지역의 정보를 구해서 접근하고 나름대로 분석을 하고 결정을 내리고 온다. 앞으로 부동산을 공부하고 투자를 시작하려면 이 정도의 노력은 들여야 할 것이다.

도시의 호재에 있어 개발 과정과 단계는 특히 중요한데 이는 투자금과 맞물리는 중요한 요소이다. 재개발이나 재건축 같은 곳은 진행 단계마다 투자금이 다르다. 단계가 진행될수록 들어가는 위험 요소가 낮아져 투자금이 더 들어간다. 철도에 관련해서는 '국가철도망 구축 계획'을 참조한다. 이는 철도개발에 관련한 최상위 계획으로 신규 계획과 진행사항들이 잘 나와 있다. 택지공급에 관련한 정보는 'LH토지공사'의 홈페이지를 이용하면 좋다. 전국 택지 분양 예정이나 궁금한 지역의 택지에 관한 자세한 내용을 볼 수 있다.

분양 예정인 아파트는 '아파트투유APT2 you'에서 찾아본다. 기존 아파트에 관련한 실거래가나 전세가는 네이버나 다음 등의 사이트에서 찾아볼 수 있다. 아파트뿐만 아니라 빌라, 오피스텔, 상가, 점포, 주택, 택지 등 다양한 물건의 가격과 현재 시세를 볼 수 있다. 가장 중요한 일은 현장을 방문하는 일인데 사실 자기가 살고 있는 곳이라고 해도 일부러 관심을 갖지 않는 한 잘 모르는 경우가 있다. 지금부터라도 부동산 정보에 관심을 갖는다면 흐름을 어느 정도는 알 수 있다.

예전에 한 노신사는 아파트를 사러왔는데 내가 추천한 동과 층을 반나절 동안 그 자리에 지켜 서서 해가 드는 정도라든가 시간을 점검했다. 그렇게 며칠을 하시고는 결정을 내리셨다. 20년 넘게 아파트에만 투자해온 분이셨는데 역시 남다르다는 생각이 들었다.

투자로 관심 있는 도시를 찾게 되면 일단 기본적인 도시의 정보를 찾아본다. 각 시청이나 구청의 홈페이지를 통하면 현재 인구 수, 도시의 주요 산업, 향후 방향을 볼 수 있다. 요즘은 정보가 잘 정리되어 있어 자료를 찾기만 하면 쉽게 구할 수 있다. 투자 물건의 공급량과 향후 공급 예정과 현재의 교통 상황 등 앞으로의 개발 호재 등을 확인하고 전체적으로 살펴본 다음 인터넷을 통해 투자하려는 물건의 시세를 찾아 조사한다. 미리 연락을 해놓고 상담을 잡는다. 관심 물건에 대해서 기본적으로 투자할 금액과 수익률을 어느 정도 볼 수 있는지, 기간은 얼마나 잡아야 하는지도 대략 생각해본다. 특히 요즘은 부동산 관련 앱들이 각광을 받고 있다. 그 지역 부동산의 가격, 지가, 학군, 교통 등 다양한 정보들이 있는 앱들이 있다. 이러한 것을 이용한다면 다양한 정보를 얻을 수 있다.

부동산 불패법칙 10

정보화 시대에 맞는 부동산 정보를 최대한 이용하라!

투자하려는 지역이 결정되면 그 도시의 기본 정보를 먼저 수집한다.

도시의 큰 방향은 구청이나 시청의 홈페이지를 통해 대략을 알 수 있다.

투자하려는 부동산 정보는 각종 인터넷의 지역 카페나 부동산 앱을 활용하도록 하자.

03

부동산은 속도가 아니라 방향이다

복리는 이 세상의 여덟번째의 불가사의다.
– 알베르트 아인슈타인 Albert Einstein

내가 돈을 모을 때까지 집값은 기다려주지 않는다

매매를 보여주러 아파트에 갔다가 A를 만났다. A는 작년에 이곳에 전세를 놓아주면서 알게 됐다. 그녀는 지금 살고 있는 아파트가 너무 마음에 든다며 가격이 얼마나 하는지 물어보더니 4~5년 정도 돈을 모아서 사야 한다고 했다. 은행 대출을 생각하고는 있지만 조금이라도 더 모아서 그때 살 예정인 것이다.

하지만 그녀가 놓치고 있는 부분이 있다. 4~5년 뒤에 물가는 최소한 지금보다는 올라 있을 것이고, 게다가 아파트 가격까지 오르는 날엔 집 장만은 저만치 물건너가버리고 만다. 나는 그녀가 모을 수 있는 금액과 이자를 합해도 몇 년 뒤 오른 물가와 그에 따라 올라갈 수밖에 없는 아파트 가격을 이야기해주었다. 가지고 있는 돈과 융통할 수 있는 금액을 합하고 대출을 이용하여 지금 집을 사는 것이 돈을 모아 4~5년 뒤에 사는 것보다 훨씬 이득임을 알려주었다. 그녀가 살고 있는 아파트 위쪽으로 4~5년 후 다리 건설로 서울로 가는 길이 바로 열린다. 며칠 후, 그녀는 남편과 상의한 후 아파트를 매입하기로 결정했다. 실수요자로서 내 집을 사야 한다면 그때가 최적기였다.

많은 사람들이 A처럼 돈을 모을 때 대부분은 적금을 든다. 원금과 이자를 합하여 돈이 불어나기 때문이다. 물론 이것은 물가상승을 생각하지 않았을 때의 경우이다. 최근에는 적금 금리가 오르는 추세이지만 물가상승률을 감안해 보면 생각했던 것만큼 그다지 높지는 않다. 처음 돈을 모아두는 목적에서 적금을 드는 것은 괜찮지만 어느 정도 모인 돈을 수익을 목적으로 은행에 두는 것은 바람직하지 않다.

소득을 창출하기 시작하는 직장인 2~30대의 월급으로 서울과 수도권에 아파트를 사려면 얼마나 걸릴까?

중위소득자가 각종 세금과 최소한의 의식주를 해결하고 저축 가능한 금액으로 생각하면 서울은 25년, 수도권은 19.8년이 걸린다는 분석이다. 최근 5년간 주택 가격은 28.8% 증가, 가계소득 증가율은 9.1%, 즉 집값이 소득보다 3배나 빨리 올라서 30년 이상 걸린다.

전세거주자가 서울에서 집을 장만하는 데 걸리는 기간은 평균 20.7년, 강남은 26.5년 걸린다. 월세거주자일 경우는 서울일 경우 40.1년, 강남은 49.3년 걸린다고 한다.

부동산으로 돈을 벌 수 있을까?
최소한 지키려면 뺏기지는 말아야 한다

매년 오르는 집값에 정부는 꼭 잡겠다는 공약을 하고, 이를 올려놓은 것이 마치 부동산 투기꾼들인 것처럼 말하기도 한다. 전문가들도 나와서 서울에 집값이 얼마네, 10년간 몇 억이 올랐네 하면서 서민들의 안정적인 주거정책이 시급하다고 이야기한다. 심지어 일부러 사회 분위기를 그렇게 조성하기도 한다. 하지만 그것은 오해다.

오르는 물가 때문에 힘들고 집값이 천정부지로 오른다고 여겨지는 가장 큰 이유는 바로 소득이다. 물가가 상승할 때 어떤 것에는 상승률이 반영되기도 하고 어떤 것에는 반영되지 않기도 한다. 반영되지 않는 대표적인 것이 인건비다. 대체하기가 힘든 인건비는 한 번 올리면 내리기가 힘들어서 기업들도 잘 올리지 않는다. 시간이 지날수록 살기 힘들어지는 이유가 바로 여기에 있다.

오르는 부동산 가격에 비해 소득이 늘지 않았고 실제 우리가 느끼는 물가는 평균치 보다 더 오른 것이 있어서 살기가 더욱 힘들어 지기도 한다. 그리고 일부 부동산에 투기꾼들이 몰리는 것도 사실이다. 그러나 부동산을 투자하는 것이 투기의 목적인양 오해받아서는 곤란하다. 정부는 정책에 따라 집이 없는 사람들을 위해 정부를 대신해 개인들에게 각종 세제 혜택을 주며 집을 사게끔 장려하기도 하고 때로는 물가안정이라는 이름 아래 집을 그만 사게끔 규제하기도 한다. 어떤 이는 이 시류를 타고 수익을 내기도 하고 어떤 이는 시기를 잘 몰라 손해를 본다. 이에 대한 판단은 우리의 몫이다.

세상 사람들은 열심히 살라고 가르치고 알뜰살뜰 모아 저축해야 한다고 한다. 남의 돈을 빌려 무엇을 하는 것은 한탕주의를 꿈꾸는 자들의 헛된 망상으로 언젠가는 한순간에 망하게 된다고 한다. 정말 그럴까? 우리가 알뜰살뜰 모아 은행에 저금하고 있는 동안 우리가 모은 돈은 투자에 필요한 기업의 몫으로, 한 발 앞선 개인들의 몫으로 돌아가 그들의 자산을 불리는데 일조를 하고 있었다. 그렇게 우리는 계속 그들에게 자금을 대주었다. 사실 돌아보면 20년간 내가 느끼지 못하는 사이에 나는 자산의 가치를 반토막 내가면서도 아무런 자각도 하지 못한 채 살아왔던 것이다. 그렇다면 이제부터 어떻게 해야 할까? 지금 당장 소득을 늘리기는 힘들다 하더라도 가지고 있는 자산을 지키는 방법만큼은 반드시 재고되어야 한다.

부동산이 물가를 반영하는 수준이라고 했는데 요즘 주변에서는 부동산으로 돈을 꽤 벌었다는 사람들을 심심치 않게 볼 수 있다. 그것도 큰돈으로 시작한 것이 아니라 적은 돈으로 말이다. 부동산으로 돈을 버는 것은 나음의 경우다.

첫째, 물가상승률보다 초과 이익을 보는 경우이다. 부동산의 가격을 결정하는 데는 여러 가지가 있다. 국가 간의 금리 문제나 정부의 정책, 공급, 수요 상황 등 여러 요인이 있지만 상승과 하락을 반복하면서 물가 상승과 함께 맞추어간다. 부동산이 어느 정도 물가를 반영하는 것은 평균적인 통계에서의 이야기이고, 그중 어느 것은 오르기도 했고 어느 것은 내리기도 했을 것이다. 부동산 흐름에 타이밍을 잘 맞춘다면 기대 이상의 이익을 낼 수 있다.

둘째, 레버리지를 효과적으로 활용한 경우이다. 레버리지란, 부채를 끌어다 자산을 매입하는 투자를 말한다. 부동산은 빚 없이 구매하는 경우가 거의 없고 대출을 받아 투자를 한다. 레버리지를 잘만 활용하면 보다 높은 수익률을 가져올 수 있다. 요즘은 대출에 대한 규제도 심해졌고 이자가 높아지는 상황이라 자신이 감당할 수 있는 정도여야 한다.

부동산은 속도가 아니라 방향이다. 투자의 유형은 개인의 성향에 따라 달라진다. 주식이나 채권처럼 금융에도 투자할 수 있다. 그러나 주식의 경우는 변동성이 워낙 크다 보니 개인이 접근하기에는 위험요소의 여

지가 많다. 물론 부동산도 시기적으로 하향세를 탈 수 있다. 그러나 장기적으로 보자. 방향이 부동산이라면 최소한 자산의 가치가 줄어드는 일은 없을 것이다.

부동산 불패법칙 11

투자의 방향이 성패를 가른다!

부동산은 일반인들이 가장 안정적으로 자산을 지키고 또한 불릴 수 있는 투자다. 통화량의 증가로 화폐가치가 떨어질 것이다. 이러한 시기에 적금이나 기타 금융 상품에 현금을 묻어 두는 것은 내 돈을 뺏기는 일이다. 그러므로 실물자산을 보유한다는 것은 나의 자산을 지키는 일이다.

물가상승보다 초과 이익을 낼 수 있는 저평가된 상품에 레버리지를 활용하여 투자하는 것이 현명한 투자다.

04

알면 돈 되는 분양권이 있다

원칙1, 돈을 잃지 않는다. 원칙2, 원칙1을 반드시 지킨다.
– 워런 버핏 Warren Buffett

돈 되는 분양권에는 이유가 있다

2018년 5월에 8만여 명이 넘는 청약자가 몰리고 1순위 청약 경쟁률 104.9:1로 역대 수도권 3위의 청약 경쟁률을 기록한 미사 지구의 한 아파트가 이슈가 되었다. 청약된 주택에 당첨이 되고 후에 준공된 아파트에 입주할 수 있는 권리가 분양권이다. 4억에서 5억 정도의 프리미엄이 예상되어 일명 '로또 청약'으로 불린다.

고객 중 한 분은 수도권의 한 아파트 분양권을 매입했는데 괜찮은지 물어오셨다. 물론 앞으로 괜찮다고 해서 사긴 했는데 확신이 서지 않아 문의를 해온 것이다. 그분이 매입한 분양권은 분양가 상한제로 분양한 아파트로 주변보다 저렴했고 향후 몇 년 보유해도 괜찮은 지역이었다. 약 7천만 원 정도 웃돈을 주고 샀지만 실제 거주할 의사도 있어서 좋은 투자였다고 말씀드렸다. 그때 매입한 가격은 지금 1억이 넘는다. 입주 시기가 되면 더 높은 가격이 형성되어 있을 것이다.

이렇듯 수억 원대의 프리미엄이 붙는 데는 교통 인프라, 산업 인프라 등 여러 가지 요인이 있지만 가장 큰 요인은 분양가다. 우리나라의 주택은 대부분 선분양을 하고 있다. 아파트건설은 주택보증공사HUG가 보증을 해야 하는데 분양가가 높으면 공사가 분양 보증을 서지 않아 분양 승인을 받을 수 없게 된다. 이를 분양가 상한제라고 한다. 분양 현장 1년 내 공급된 단지의 분양가를 초과할 수 없어 시세에 못 미치는 분양가가 책정되다 보니 반영된 물가와 더불어 억대의 프리미엄이 붙기도 한다.

이렇다 보니 '로또 청약'이라는 말과 함께 많은 이들이 청약에 몰린다. 지역마다 차이는 있지만 분양 후 약 1년이 지나면서 분양권 전매가 가능해진다. 인기 있는 지역은 수요가 많아 여러 차례 거래가 오간다. 처음부터 분양을 받으면 더 없이 좋겠지만 향후 가격이 올라갈 지역의 분양권을 매입하여 시세 차익을 보거나 전세나 월세를 두어 장기간 보유하며 시기를 보아 후에 결정하는 것도 좋은 방법이다.

그러나 분양권이라고 모두 돈이 될까? 어느 날 한 고객으로부터 분양권을 팔아달라는 전화를 받았다. 소형 평수이고 앞으로 더 좋아질 곳이라 해서 프리미엄을 주고 매입했는데 웃돈을 더 받을 수 있냐는 내용이었다. 그곳은 아직 주변에 학교나 상업지가 형성되지 않은 외딴 곳에 위치해 있었다. 아마도 아파트가 지어질 현장에 가보지 않은 상태에서 분양을 받았거나 곧 모든 시설들이 들어설 것이라는 말을 듣고 분양권을 매입하신 모양인 듯했다. 당시에 분양가는 그리 높지 않은 편이어서 매력적이었을 것이다.

아무리 인기 있는 소형 아파트라도 잘 모르는 지역에 투자를 할 때는 직접 현장에도 가보고 여러 군데 부동산에 들러서 정보를 들어야 한다. 정부의 대출 규모 축소로 투자자들의 경우도 그렇겠지만 실수요자로 집을 장만하려는 사람들에게도 대출 한도가 줄어들어 예전만큼 거래량이 많지 않다. 여러 채를 분양 받아 짧은 기간에 수익을 내고자 하는 경우는 더욱 신중해야 한다.

분양 후 1년의 전매 제한 이후나 입주 시기가 다가오는 아파트에 여건이 되지 않는 분양자들의 분양권 물건이 나온다. 개인적인 사정도 있고 정부의 규제로 대출금이 적게 나와 잔금이 어려워진 경우도 있었다. 종종 계약 금액의 일부를 손해 보면서 매매를 감행해야 하는 경우도 발생한다. 적게는 수백만 원에서 수천만 원 저렴하게 구입할 수도 있다. 이것이 마이너스 프리미엄이다. 미리 분양 받지 못했거나 실거주를 생각하는 분들은 이러한 분양권을 매입해도 좋다.

　이처럼 우리나라 주택의 대표격인 아파트의 경우 대부분 선분양을 한다. 그러다 보니 아직 실현되지 않은 부동산에도 실물 부동산과 동일한 권리가 생긴다. 재건축이나 재개발의 경우 조합원들에게 주어지는 입주권과 일부를 일반분양하는 분양권이 있다. 보통 LH에서 택지를 매입하여 진행하는 민간 아파트의 경우 선분양을 한다. 낮은 분양가가 책정되어 시세보다 낮은 가격을 형성한 분양권이나 입주 시기가 되어 마이너스 프리미엄이 된 분양권은 관심을 가져야 한다.

분양권! 이것만은 조심하자

　다만 분양권을 고를 때에도 유의할 사항이 있다. 가장 우선적인 것은 가격의 평가다. 한창 분양권의 가격이 오를 때에는 수요자가 줄을 서다 보니 가격도 천정부지로 오른다. 너무 오른 분양권의 가격은 투자 대비 수익률에서 별다른 효과가 없다. 금액만 생각하다 보면 많이 번 것 같은 착각이 든다. 실제 들어간 돈에 비해 얼마나 수익이 났는지를 생각해보아야 한다. 돈을 얼마나 벌었느냐가 아니라 투자 대비 얼마의 수익률을 거두었냐가 더 중요하다. 다만 마이너스 프리미엄을 주고 산 분양권은 분양가를 회복하기가 쉽다. 수익률 면에서 본다면 그다지 차이가 없다. 큰돈을 투자하여 얻어낸 수익률과 적은 돈을 투자하여 얻는 수익률이 같다면 어떤 것이 나은 것일까? 본인의 자금 사정과 성향에 따라 달라지겠지만 나는 후자의 경우를 선택한다. 가격이 올라가는 경우는 어디가 꼭 지인지 판단이 쉽지 않은 경우도 있고 또 짧은 기간에라도 가격이 오르내리기도 해서 불안한 마음이 들기도 한다. 적은 금액은 리스크가 훨씬 줄어든다.

다음으로 기간이다. 개발 호재로 인한 분양권의 경우는 큰 수익이 발생하기도 하지만 개발이 늦춰지는 등의 변수에 따라 가격이 급격히 하락하기도 한다. 목표한 수익률을 보기 위해서는 이러한 변수에 유연할 수 있어야 한다.

분양권이 짧은 기간에 수익을 올릴 수 있어서 단기간에 수익을 목표로 하는 분들이 많이 투입되다 보니 빠른 시일 내에 자금 회수가 목적일 때에는 발목을 잡힐 수 있다. 목표한 수익률을 볼 수 있는 타이밍을 잡으려면 자금상황이나 기간을 보수적으로 잡는 편이 유리하다.

또 하나 유의할 것은 합법적 거래다. 분양권이 활발해지자 정부에서는 단속이 심해졌다. 2016년 거래된 신도시의 한 아파트 분양권 불법 전매 사건의 경우는 사회적으로 논란이 되기도 했다. 정부는 분양권 제한 기간을 지역에 따라 달리 정하는데, 매도자가 전매 기한 전에 거래를 한 경우다. 재판부는 전매 기한 기간 전의 거래도 불법이기는 하나 처벌 근거가 명확하지 않다고 판단하여 무혐의 처분했다. 짧은 기간에 돈을 벌 수 있다는 생각에 진매 기간 내 전매나 기타 다른 불법 행위를 해서는 안 된다. 실제 현장에서는 거래 당사자들이 이를 모르는 경우가 많다. 현행 주택법은 불법 전매의 경우 3년 이하의 징역이나 3천만 원 이하 벌금형에 처한다. 불법 거래가 이루어지면 몇 년 전 거래도 소급하여 적용하기 때문에 자칫 돈을 벌려다 오히려 큰 손해를 볼 수 있으니 반드시 유념해야 한다.

이처럼 알면 돈 되는 분양권이 있다. 분양가 상한제가 적용된 곳은 분양가 자체가 기존의 분양가보다 적어서 시세 차익을 볼 수 있다. 다만 유의할 것은 프리미엄을 주고 매입할 경우 목표 수익을 예상해보고 들어가는 것이 중요하다는 점이다. 짧은 기간에 들어가서 무조건 이익을 보면 나오겠다는 생각은 위험하다. 자금의 여력을 보고 몇 가지 플랜을 갖고 시작한다. 이런 플랜을 위해서는 주변 가격과 교통이나 그 밖의 호재를 평가하여 얼마큼의 상승 여력이 있는지를 본다. 가치 평가가 이루어지면 얼마의 자금이 들어갈지 가격이 결정되고 목표로 한 수익률에 따라 언제 시기를 잡을지 타이밍이 결정된다.

돈 되는 분양권을 사라!

분양가 상한제가 적용된 아파트의 분양권은 분양 현장 1년 내 분양된 아파트의 분양가의 분양가를 초과할 수 없다. 이러한 분양권은 초기부터 프리미엄이 형성되는데 분양권도 아파트가 지어지는 기간 전까지 몇 번의 흐름이 있다.

단기로 투자할 것인지, 장기로 갈 것인지, 얼마의 이익을 볼 것인지 생각해본다.

05

월세 받는 수익형 부동산

돈이 없어도 행복해질 수 있다고 자신을 속여서는 안된다.
– 사토 도미오 Sato Tomio

월세 받는 시스템은 수익형 부동산이 답이다

당신은 지금 현재 소득 이외에 얼마만큼의 추가소득을 원하는가? 5백만 원 정도면 지금의 일을 즐기며 할 수 있을까? 한 달에 1천만 원 정도면 지금 하고 있는 일을 그만두고 각자 자기가 원하는 일을 하면서 살아갈 수 있지 않을까? 직접적인 시간을 들이지 않고 나를 대신해 돈을 벌어주는 것이 있었으면 하는 것이 대부분 사람들의 바라는 바다. 나 또한 마찬가지다. 아직까지는 일을 해야만 소득이 나오는 일을 하고 있지만 그러한 시스템을 구축하기 위해 부동산을 선택했다.

부동산을 하며 가장 큰 변화는 투자가 가능해진 일이다. 부동산을 공부해가며 시장의 한가운데서 수익률을 분석하고 확실한 물건을 고르는 안목이 생겼다. 이 자산들은 2년 후면 또 다른 나의 분신이 되어 다른 자산의 밑거름이 되고 나를 대신해 돈을 벌고 있을 것이다.

어떤 이들은 이를 '돈이 열리는 나무'라고 한다. 이러한 일은 부동산이기에 가능했다고 말할 수 있다. 부자들도 이러한 시스템을 만들어 자산을 계속 축적해간다. 이러한 시스템은 어떤 것들이고 어느 정도의 자금이 필요할까? 중개업을 하면서 부자들이 어떻게 자산을 만들어가는지 알 수 있었다. 그중에 이해가 편리한 몇 가지를 소개하고자 한다.

김 여사는 역과는 다소 떨어진 원룸 촌을 이루고 있는 곳에 다가구주택을 소유하고 있다. 2013년도에 땅을 매입한 후 8월에 건축하여 12세대가 들어가는 원룸을 지었다. 버스정류장에서 도보로 5분 정도 걸리는 곳으로 이곳은 최근까지도 신축들이 계속 지어져 이제는 남아있는 땅들이 거의 없을 정도다.

대부분은 신축이 생기면 지어진지 몇 년이 지난 원룸들은 월세가 내려가기도 하지만 김 여사의 주택은 방 크기도 요즘 지어지는 신축들보다 좀 더 크게 지어진 데다 매번 세입자가 나갈 때도 수리하거나 부족한 옵션들을 최대한 점검하고 채워주기 때문에 세가 잘 나간다.

이 주택에서 전세 2가구, 월세 10가구로 매월 450만 원의 월세가 나온다. 건축 후 4년 반 동안 이 주택을 보유하고 있던 김 여사는 최근 매도했다. 새로운 매수인은 대출을 이용한 약 6%가 조금 안 되는 정도의 수익률로 이 건물을 매입했다. 김 여사가 토지를 매입해서 다가구를 건축하고 세를 놓아 4년 반가량 보유한 후의 수익률은 상당히 높다.

H사장은 역세권의 땅을 매입하여 3층짜리 건물을 지었다. 1층은 상가이고 2층과 3층은 주택으로 임대를 놓을 수 있다. 1층은 음식점으로 전체를 세를 놓았고 2층과 3층은 12명이 거주할 수 있는 쉐어하우스로 운영한다. 요즘 새로운 트렌드로 자리를 잡아가는 추세인 쉐어하우스는 개인 방이 있으면서 거실과 부엌을 공유하는 주거 형태로 오피스텔이나 원룸처럼 완전히 독립된 공간은 아니지만 저렴한 주거비가 강점이다. 풀 옵션에 깔끔하고 세련된 인테리어로 제공하니 처음 취직해서 자리를 잡아야 하는 젊은층들에게 인기가 많다. 보증금 3백만 원에 월 40만 원으로 전체 관리비와 인터넷이 다 포함된 금액이다.

이곳의 쉐어하우스 임대료는 월세와 임대료를 포함해 한 달 기준 480만 원으로 현재는 5.2%의 수익률이다. 이 주택을 14억에 매도했고 새 매수인의 경우 7억 융자에 투자금 7억, 월수입 480만 원 융자금액에 대한 이자와 공실을 염두에 두고 계산하면 대략 5%대다. 지금은 1층이 공실이지만 1층 상가가 계약이 된다면 받는 가격에 따라 달라지지만 최소 9%대의 수익률이 나온다.

점포 주택으로 수익 내기

김 여사는 소유하고 있는 상가는 새로 생긴 역 앞 부근에 상가 한 개와 점포 주택을 가지고 있다. 상가는 2년 전에 분양 받은 곳으로 오피스텔과 상가들이 밀집해있는 곳이다. 분양 평수는 14평 정도로 이곳에 보증금 5천만 원에 매달 3백만 원의 월세를 받는다. 대출받은 금액은 4억으로 매달 이자 1백만 원을 내고 나면 2백만 원이 주어진다.

간단하게 생각해서 4억을 투자해서 월 2백만 원의 월세가 나온다. 다가구 주택은 1층은 상가로 세를 주었고 2층과 3층은 월세와 전세를 놓아 이곳에서 350만 원의 월세가 나온다. 수익률은 6.6% 정도이고 대출금에 대한 이자를 제외하고 나면 매월 275만 원이다. 상가와 다가구 주택에 들어간 돈은 합하여 9억 원이고 한 달에 475만 원이 나온다. 김 여사님은 지금도 회사에 다니며 일을 하고 계신다. 매달 나가는 이자와 원금을 갚아나가고 대출금을 다 갚을 때까지는 일을 할 거라고 하신다.

이렇듯 여러 가지로 수익을 버는 일들이 있지만 위의 경우는 몇 년 전에 시작한 투자의 경우다. 정책이나 시장 상황이 달라지기 때문에 투자의 시작은 항상 공부와 전문가의 도움이 필요하다. 정부의 규제로 대출

한도가 낮아지고 대출 이자도 높아지고 있어서 레버리지를 일으키는 일이 예전처럼 쉽지만은 않다. 한동안 유행처럼 번지던 갭 투자도 현 정책으로는 쉽지만은 않다.

위에서 말했듯이 다가구 주택이나 원룸의 경우에는 애초에 땅을 매입하여 건축을 해서 세를 다 맞춘 다음 어느 정도 수익률을 맞추어 물건을 매도한다. 땅을 직접 사서 건축하면 수익률이 크다. 하지만 실제로 입지가 좋은 땅을 사고 건축을 하는 일은 간단한 일은 아니다. 건축 관계 일을 잘 모르면 추가 자금도 만만치 않아 여러 리스크가 있다. 그 과정을 알기에 지어진 건물을 자기 수익률에 맞추어 매입하는 분들도 적지 않다. 퇴직금이나 준비금이 있는 사람들은 처음부터 지어진 건물을 매입해서 월 4백만 원 이상의 수입을 만들어 가는 경우도 있다. 이렇듯 한 달 기준 4백만 원에서 5백만 원의 세가 나오려면 자기 자본으로는 10억 정도가 들어간다. 그러나 대부분은 처음에는 우리가 생각했던 것보다 훨씬 적은 자금으로 시작한다.

수익형 부동산에 대표적인 것으로 상가가 있다. 적은 금액으로 투자가 가능한 상가는 한 칸에 10여 평 남짓한다. 1층은 주로 편의점이나 음식점, 부동산, 통신사 등이 들어가고 가격이 대체로 비싼 편이지만 임대가 잘 나가고 인기 있는 업종이 주류를 이룬다. 2층은 주로 학원이나 세탁소, 독서실 등이 들어온다. 잘 찾아본다면 저렴한 가격으로 수익을 낼 수 있는 상가를 찾을 수 있다. 항상 염두해둘 것은 임차료이다. 부동산의 가격은 앞으로의 기대치가 아니라 현재 받을 수 있는 임차료 가격의 수익률로 결정이 나야 한다.

이렇듯 수익형 부동산으로는 우리가 잘 알고 있는 오피스텔, 다가구 주택, 점포 주택, 상가 등이 있고 최근 붐을 일으키는 쉐어하우스나 게스트 하우스도 있다. 관광지라면 펜션이나 호텔도 분양을 받아 수익을 낼 수 있는 물건들이다. 그리고 이러한 부동산으로 월 5백만 원 정도의 수익이 되려면 9억에서 10억 정도의 자본이 든다. 그러나 사실 처음 준비하는 것은 생각보다 훨씬 더 적은 금액으로도 시작할 수 있다. 자본이 넉넉지 않더라도 부동산을 하나씩 투자해가면서 시작할 수 있다. 그 시작이 아파트일 수도 있고 오피스텔일 수도 있고 땅이나 상가가 될 수도 있다. 자금을 융통할 수 있다면 부담되지 않는 범위 내에서 낮은 금리의 대출을 이용하여 시작하고 어느 정도의 자금을 모으기 위해서 시세 차익을 보면서 해나가는 것도 좋은 방법이다.

자금에 따라 다양한 수익형 부동산에 투자하라!

수익형에는 소형 아파트, 오피스텔, 상가 등이 있다.

특히, 상가 투자 시 월 임차료 부분이 적당한지 반드시 따져보아야 한다. 현실적인 임차료로 상가 가격을 판단하도록 한다. 자금이 있다면 토지를 매입하여 건축한 다음 임대를 놓을 수 있다.

다만, 건축비를 감안하여 토지매입비를 선정한다. 2018년도부터는 건축비 상승으로 종전보다 자금이 더 들어간다.

③ 다가구 건물로 월세 수익 올리기

공기업에 다니던 A는 부부가 같은 직장에 다녔다. 은퇴바람이 불면서 남편이 명예퇴직을 하게 되었다. 그들은 은퇴자금 4억을 투자해서 7억에 다가구 주택을 매입했다. 그곳은 산업단지 주변이라 세도 잘나가고 공실률이 거의 없는 편이다. 15개 원룸에 대출을 끼고 집을 사 수리를 보고 세를 놓았다. 한 달에 이자를 제외하고 4백만 원 가까이 세를 받고 있고 시세는 10억이 넘어간다. 그때 그들은 가게를 얻어 장사를 할까도 생각했지만 부동산을 선택했다. 지금은 매달 나오는 월세도 월세이지만 시세가 올라가서 더욱 만족스러워한다.

06

부동산, 언제나 기회다

세상에서 가장 안타까운 사람은, 볼 수는 있으나 비전이 없는 사람이다.
– 헬렌 켈러 Helen Adams Keller

실패였던 투자도 성공을 위한 경험으로 만들 수 있다

최근에는 재테크에 관련한 책들이 많이 쏟아지고 있다. 전문가들의 분석은 물론이고 특히 자신의 재테크 이야기를 담은 일반인들의 이야기는 더욱 눈길을 끈다. 대기업의 직장생활을 과감히 내던지고 나와 전업 부동산 투자가로 변하여 3년 안에 월 천만 원이 나오는 시스템을 구축한 사람, 단돈 5백만 원으로 시작해 9년 만에 50억을 만든 일반인들의 성공이야기는 나도 그들처럼 될 수 있으리라는 희망을 갖게 한다.

그러나 그러한 마음과 달리 현실은 녹록지 않다.

'저 사람들은 저러한 상황이 되니까 그렇게 할 수 있었을 거야.'

돈을 모으는 것에서부터 투자의 방법은 다르다 보니 나에게 무엇을 어떻게 적용해야 할까 싶기도 하고 좀처럼 투자가 쉽지 않다.

나 또한 뒤늦은 투자였기 때문에 신중하고 또 신중해야 했다. 시행착오를 겪을 만한 자금도 시간도 너무도 소중한 나의 자산이었다. 투자는 나에게도 너무 낯선 일이었다. 그래서 돈을 모아도 뱃심 있게 어디에 투자할 생각을 못했다. 그리고 돈도 어느 정도는 있어야 가능하다고 생각했기 때문에 계속 돈을 모으려고만 했었다. 그리고 얼마라도 모으면 간신히 모은 알토란 같은 돈을 잃을까 봐 두려웠다.

돈을 모으기 위해서는 열심히 일해야 했기에 생각할 틈도 없이 몸은 힘들고 점점 나약해진 현실만이 보였다.

나는 더 이상 달라지지 않는 현실에 무언가 문제가 있다는 생각이 들었다. 돈을 버는 것에서부터 부자가 되기 위한 모든 것과는 다른 나의 사고와 태도가 문제임을 알았고 나는 변하기로 했다. 무턱대고 관심만 갖고 있던 부동산 공부를 제대로 하고 그 한가운데서 경험을 쌓아가며 본격적으로 투자를 하기로 했다.

처음부터 모든 것이 다 계획된 것은 아니다. 나의 바람에 맞추어 계획도 하나하나 그렇게 자연스럽게 되어갔다. 10년 전 땅에 투자를 하고 싶어서 부동산을 기웃거리던 내가 되고 싶지 않았다. 땅을 사고 싶은 곳에 그 부근으로 부동산을 차리고 아파트를 갖고 싶으면 그 부근에 부동산을 차리게 되었다. 지나간 시간을 아쉬워하는 것은 인간의 심리인가 보다. 지금도 그때 땅을 사지 못한 것이 아쉽고 여기저기 돌아만 다니다 구입하지 못한 집이 아쉬울 때가 있다. 그러나 부동산을 하며 다행히 위안을 갖게 되었다. 언제든 내가 준비만 된다면 기회는 있다는 것 또한 알게 되었다.

요즘 들어 부쩍 부동산 관련 카페나 동호회 같은 곳에서 부동산을 알아보러 온다. 인터넷으로 어느 정도 정보를 찾아본 뒤 소형 평수 위주로 금액이 적게 들어가는 갭 투자를 추천하는 추세다. 이론으로는 그렇지만 실제 현장에 가 보면 사실 결정이 그리 쉽지만은 않다. 일률적으로 소형 평수라 해서 좋은 것도 아니고 가격이 무조건 싸다 해서 좋은 것도 아니다.

그들도 그러한 목적으로 우리 사무실을 찾았다. 토요일 늦은 오후에 30대 중반의 부부가 사무실로 들어왔다. 20평형대로 매입을 생각한다며 직접 거주할 생각도 있으니 인기 있는 곳으로 알아봐 달라고 했다. 좀 싼 가격에 아파트를 분양 받고 싶어서 왔는데 할인 중인 아파트를 찾아볼 수 없다는 것이다. 가격이 저렴할수록 좋으니 저층이라도 괜찮다고 했다. 이 부부는 몇 년 전 작은 빌라와 또 다른 곳에 아파트를 하나 매입했는데 가격이 몇 년째 오르지 않아 투자 실패인 것 같다고 했다. 그래서 이번만큼은 신중해야 한다고 한다. 갖고 있던 집 하나를 팔면서 이쪽으로 올 생각을 하고 있었다. 나는 거주하면서도 가격이 오를 몇 군데를 보여주고 실거주 생각이 있다면 브랜드도 있고 조금 더 평수가 큰 30평대를 추천해주었다. 주변에 새로 브랜드 아파트가 들어서는데 새로 입주하는 30평형대 아파트보다 평당 1백만 원 차이라 최소 3천만 원 더 저렴하게 구입할 수 있는 가격이다. 부부는 하루를 고민한 뒤 이것으로 결정했다. 가장 좋은 입지와 브랜드를 저렴한 가격에 구입하니 매입하면서부터 이익인 셈이다. 그들이 지나간 투자에서 실패라고 말했지만 나는 그것이 실패가 아님을 알고 있다. 지금의 결정이 그냥 나온 것은 아니다.

그들의 지나간 투자에서 배웠던 하나하나의 경험들이 토대가 되어 기회를 알아보고 결정을 할 수 있었던 것이다. 지나간 어떤 선택에 대해 사람이든 돈이든 시간이든 누구나 후회를 하기 쉽다. 그러나 그것이 손해였다고 안타까워 할 일은 아니다. 그 선택을 통해 깨달음을 얻고 지혜를 얻었는데 무엇이 손해란 말인가. 과거에 그러한 결정들이 있었기에 지금의 기회를 알아볼 수 있는 눈이 생긴 것이다.

투자의 핵심은 실행! 작은 것부터 해나가자

어떤 이들은 직접 방문을 하기도 하지만 어떤 이들은 전화로 일단 상담을 하는 경우도 많다. 어느 날 걸려온 전화의 내용이다.

"그 지역에 아파트에 관심이 있습니다."

"네."

"호재는 지금 진행 예정인 거죠? 제대로 진행이 될까요?"

"기술 팀이 결정이 되었으니 1년 반 정도면 착공이 들어갈 겁니다."

"요즘 정부의 대출 규제가 심해졌는데 그 지역은 괜찮은가요?"

"정부의 정책이 다주택자들의 대출을 제한하는 것은 맞습니다. 이는 지역뿐 아니라 개인의 주택 상황이나 신용에 관련한 것들이라 지역보다도 이제는 개인 상황에 더 관련이 있습니다."

"지역에 비선호 시설이 들어올 수도 있나요?"

나는 처음 어느 정도는 답변을 해주다가 멈추었다. 그는 이미 부정적인 이야기에만 초점을 맞추어 안 될 이유만을 찾고 있었다. 그 분은 무주택자였다. 사실 그렇다. 투자용으로 집을 사는 사람들이 집을 더 구매하는 경우가 많고 정작 집이 필요한 무주택자들은 집을 사지 않는 경우가 더 많다. 그들은 대출을 겁내고 각종 규제들을 신경 쓰고 언제가 적기인지를 판단하기 어렵다. 왜냐하면 안 사보았기 때문이다. 물론 다 그런 것은 아니지만 부정적이고 분석하려고 하는 사람들은 좀처럼 결정이 쉽지 않다.

투자에서 가장 중요한 것은 무엇일까? 그건 바로 실행이다. 먼저 간 사람들에게서 지식을 배우고 경험은 내가 해야 한다. 관심만 갖고 있다고 해서 되는 일은 아무것도 없다는 것을 나는 나의 경험을 통해서 알게 되었다. 10년간 시행착오 끝에 부를 이루었거나 몇 년간의 고생 끝에 이룬 사람들이 하나같이 말하는 것은 '용기'다. 그런데 사실 알고 보면 용기가 부족한 것은 너무 모르기 때문이다. 나의 경우처럼 말이다. 아무것도 모를 때는 무턱대고 용기가 나지는 않는다. 전투적 성향을 가진 사람들에게는 쉬운 일이지만 많은 투자의 경험이 없거나 혹은 실패라고 생각이 드는 경험을 했다거나 부동산 관련은 아니더라도 다른 일에서 나름대로 작고 큰 손해를 보아온 사람들은 아무래도 조심스러울 수밖에 없다.

그래서 공부가 필요하다. 투자를 하려면 큰돈이 있어야 한다는 것은 오해이다. 일단 공부부터가 시작이다. 관심 있는 지역은 최소 몇 개월은 지켜보면서 공부를 해나간다. 공부를 하고 어느 정도 지식을 갖게 되면 확신이 들 때가 있다. 그렇게 시작을 하면 된다. 잘 모르면서 친구 따라 누가 한다던가 남들이 한다니까 덩달아서 한다면 잘 되었을 경우는 다행이지만 안 되었을 경우는 남을 탓하게 된다. 모든 결정은 본인이 한 것이다. 세상에 탓할 것은 나뿐이다. 잘된 결정도 잘못된 결정도 모두 나의 탓이다.

부동산은 언제나 기회다. 우리가 투자에 대해 갖고 있는 몇 가지에 대해 사고의 전환을 갖는다면 가능한 일이다. 첫째는 투자하려면 반드시 큰돈이 있어야 한다는 것은 오해이다. 돈의 크기도 각자 생각하기 나름이라 어떤 이들은 몇 억을 가지고도 투자를 못한다. 부동산은 1천만 원으로도 가능한 것들도 있다. 투자가 어려운 또 한 가지 이유는 실패할 것에 대한 두려움이다. 이것은 모르기 때문에 당연히 갖게 되는데 부동산에 대한 기본적인 지식과 금융 공부를 하다 보면 어느 정도 풀린다. 그리고 실패에 대한 두려움을 없애기 위해서는 사고의 전환이 필요하다. 투자에 있어 실패란 이를 해가면서 겪게 되는 것은 과정이지 실패가 아니다. 다시는 그러한 방법을 안 할 것이기 때문에 우리는 한 번의 실패로 여러 가지 성공법을 배우게 된다. 투자의 기본기를 갖추고 투자에 대해 갖고 있는 오해와 두려움들을 전환한다면 부동산은 언제나 기회다.

부동산 불패법칙 14

투자의 시작은 사고의 전환이다!

한두 번 수익이 나지 않았다고, 실망할 필요는 없다. 과거의 경험에서 배울 수 있다면 모든 것은 과정일 뿐이다.

좀 더 자신 있는 투자를 원한다면 부동산에 대한 기본 지식과 금융 공부를 함께하도록 한다. 아는 만큼 용기도 생긴다.

투자를 하려면 큰돈이 있어야만 가능한 것은 아니다.

07

가장 뜨거운 지역을 사라

감히 도전해보지 못한 사람들은 아무것도 하지 못한다.
– 지그 지글러 Zig Ziglar

핫한 지역이라고 모두 비싼 것은 아니다

돈 버는 것에 관심이 없는 사람은 없다. 관심은 있어도 실제로 투자를 하는 사람들은 일부에 지나지 않는 것 같다. 어찌 보면 투자는 성향에 가깝다. 돈을 벌고 싶다는 생각을 하지만 내 돈이 들어간다는 생각과 잃을 것에 대한 두려움이 투자를 망설이게 한다.

가끔은 전화 상담만으로 시간을 많이 보내는 경우도 있다. 그럴 때는 힘들더라도 직접 와서 현장을 둘러보고 이야기를 나누자고 한다. 투자에 관심이 있다면 직접 와 보는 것은 기본이다. 한번도 가보지 않은 지역을 어떻게 투자할 수 있단 말인가. 며칠 전 통화로 알게 된 50대 중반의 고객도 그러했다. 처음에는 몇 번의 통화를 하면서 이러저러한 얘기를 해주었고 그러다 보니 저절로 친해지게 되었다. 나는 그렇게 전화만 하지 말고 직접 와서 보고 은행에도 미리 들러서 대출 자금이 얼마나 나오는지 알아보고 오시라고 했다.

그날 은행에 들러 대출을 알아보고 오후에 손님이 왔다.

"방 2개인 빌라를 방배동에 샀지요. 그리고 최근에는 3억 7천만 원가량 한다고 합니다. 그것을 매매하려고 해요."

그녀가 최근에 산 곳은 강남 한가운데다. 물론 빌라이기에 가능했다. 그래도 강남으로 선택해서 샀기 때문에 예상했던 기간보다 빨리 가격이 오른 편이다. 몇 달 전에는 서울 변두리에 오래된 이름 없는 작은 아파트를 2억 4천에 샀고 2억 7천만 원가량이 시세라고 한다. 앞으로 조금 더 오른다면 상황을 보아서 그것도 매도하려고 한다. 본인이 갖고 있는 금액으로 가능한 부동산을 알아보니 사실 강남에 3억대로 매입이 가능한 물건이 있음을 알게 되면서 매입을 했다.

어느 한 지역의 부동산이 오르면 대부분의 부동산들이 동반 상승한다.

하지만 누구는 '오르는구나'라고 생각만 하고 누구는 현장으로 가서 물건을 찾는다. 사실 강남에 그러한 가격이 있다는 것을 생각지도 못하는 경우도 있고 사려면 제대로 가격이 올라가는 것을 잡아야 한다고 생각하는 경우도 있다. 여력이 된다면 그것이 맞다. 그러나 항상 문제는 자금이다. 위의 분처럼 일단 가장 핫한 지역을 선택하고 그중에서 본인의 여력이 되는 물건을 찾아보면 의외의 적은 금액으로도 투자가 가능하다.

일반인들이 직장생활을 해서 돈을 벌어 내 집 마련을 하려면 집값이 어느 정도여야 할까? 서울을 비롯해서 수도권에서 아파트를 사려면 분양가만도 최소 5억 이상이 든다. 지역마다 차이는 있겠지만 5억이 넘는 금액은 일반 직장인들에게는 무리다. 무주택자이거나 처음 주택을 산다면 주택 가격의 70%까지 대출이 가능하다. 하지만 주택 가격의 30%만도 만만치 않은 금액이다. 서울과 수도권이 오르다 보니 조금 떨어진 신도시 쪽으로도 관심이 가면서 점차 오르고 있는 상황이다.

하루는 서울에 직장을 갖고 있는 사람이라고 하며 전화가 왔다.

"제가 가진 돈은 1억 정도입니다. 이것으로 아파트를 살 수 있을까요?"
"본인 명의의 주택이 있으신가요?"
"아뇨, 없습니다."

그가 가진 1억이면 충분하다고 말해주었다. 물론 거주를 하려면 대출을 받아야 하고 그렇지 않다면 2년간 세를 주면서 자금과 시간을 벌 수 있다.

대부분의 직장인들은 둘이 맞벌이를 하면서 1억 정도를 모으면 아파트를 사려고 연락이 온다. 그 정도는 몇 년간 저축을 하면 모을 수 있는 금액이다. 그러나 반드시 1억까지 모아야 하는 것은 아니다. 관심 있는 지역에서 교통이나 여러 면에서 앞으로 상승 여지가 있는 곳을 골라 시세를 알아본 다음 자주 부동산과 협의를 한다면 좋은 정보를 얻을 수 있다. 부동산 투자를 하는데 정보는 필수다. 요즘은 멘토니 하면서 전문가를 자칭하는 사람들이 많다. 현장의 부동산이 가장 정확한 정보를 갖고 있다. 대략적인 것은 인터넷 광고를 통해서 알 수 있지만 정확한 것은 반드시 그곳의 부동산에 가서 확인한다.

가능하다면 젊을수록 주택 구입은 빨리 하는 것을 추천한다. 자금의 상황을 보고 갭 투자를 통하여 주택을 마련하는 방법도 있다. 부동산을 마련할 만한 최소한의 자금을 준비한 다음에는 감당할 만큼의 대출을 이용하여 미리 집을 장만한다. 이러한 준비들은 돈이 생기고 나서 하는 것이 아니다. 일단 책도 보고 공부할 수 있는 카페에 가입하는 것도 도움이 된다. 어떻게 내 집을 마련하는지부터가 시작이다. 준비되지 않은 상태에서의 투자는 자칫하면 힘든 과정이 될 수 있다.

어느 지역이나 가장 핫한 곳, 입지가 좋은 곳을 사라

그 지역 중에서도 가장 핫한 곳을 골라 투자하는 분이 있다. 집을 짓는 일을 하는 분이셨는데 그분의 투자관은 항상 역 주변이다. 역 주변의 땅값은 분양시에 다른 곳보다 다소 높기도 하고 그렇지 않은 곳도 있다. 물론 인기가 좋은 곳은 경쟁 입찰로 금액을 높게 쓴 사람이 가져가기도 한다. 분양 후 수분양자로 부터 프리미엄을 주고 사기도 한다. 처음에는 그분도 한 곳을 분양받아 건축을 시작했다.

역 주변은 혼자 지내는 직장인들에게 인기가 좋다. 역 주변의 상가는 고급스럽고 좀 넓은 오피스텔을 비롯해서 저렴한 다가구까지 다양한 주택들이 있다. 그러나 처음 직장에 취직해서 2백만 원이 조금 넘는 급여를 받는 사회 초년생들에게 관리비까지 포함해서 50만 원이 넘는 곳은 부담스럽기도 하다. 그 분은 이러한 젊은 직장인들을 대상으로 쉐어하우스를 생각했다. 처음에 한 곳에 땅을 사서 지어서 시범적으로 세를 주어보았는데 처음 한두 달은 조용했다. 그런데 광고가 어느 정도 알려지고 들어와 살아본 사람들의 입소문이 나면서 세가 나가기 시작했다.

건물 한 동의 세가 다 나갈 때쯤 그 주변으로 다시 땅을 매입했다. 처음 분양 때보다 가격이 오른 상태였다. 다가구를 지을 수 있는 곳이 한 군데 더 있었지만 역 주변을 고집했다. 매입 가격을 좀 더 주고 원하는 땅 주변을 매입했다. 건물이 세워지고 저렴한 집세를 원하는 젊은이들로 채워졌다.

그리고 1년이 지났다. 역 주변에 많은 오피스텔과 상가들이 들어서고 1년 전과는 다르게 몰라보게 화려해지기 시작했다. 새로운 직장을 찾아 들어오는 사람들과 만기가 되어 이사를 해야 하는 사람들은 교통이 편리한 곳을 찾아 모여든다. 물론 새롭게 지어지는 곳이 인기가 더 많다. 그러한 곳들은 가격도 조금 더 나간다. 그 와중에서도 가격이 저렴한 쉐어하우스는 언제나 인기다.

가장 뜨거운 지역을 사라. 핫한 곳은 사람들의 관심이 높다는 것이다. 특히 역세권 위주의 부동산은 성공 확률이 높다. 얼마의 종잣돈으로 부동산 투자가 가능한지는 현장에 가보거나 믿을만한 전문가를 통해서 의논을 한다. 내 집 마련이든 본격적인 투자든 그 지역의 가장 유망한 곳 중에서 자신의 자산 상황에 맞는 물건을 골라 시작을 한다. 다만 들어가는 타이밍은 전문가의 도움을 받아 결정하도록 한다.

부동산 불패법칙 15

찾아보라! 핫한 곳에도 저렴한 물건이 있다!

많은 사람들이 찾는 곳은 가격이 비싸지만 그중에서도 잘만 고르면 저렴한 물건을 고를 수 있다.

그리고 사려고 하는 지역이 있다면 그중에서 가장 입지가 좋은 곳을 고른다.

향후 시세 차익을 볼 수도 있고 임대 수익을 생각한다면 공실률이 낮은 임차가 가능하다.

08

하늘이 무너져도 돈 버는 사람은 있다

주도적인 노력에 의해 스스로의 인생을 고결하게 하는
인간의 불가사의한 능력보다 더욱 고무적인 것은 없다.
– 헨리 데이비드 소로 Henry David Thoreau

위기 속에서 기회를 찾다

20여 년 전 우리나라는 IMF라는 큰 위기를 겪었다. 기업이 줄도산을
하고 대규모의 실업자가 발생하며 엄청난 사회적 혼란이 왔다. 결국 국
가는 부도상황에서 국제금융기구에 구제금융을 신청하기에 이르렀다.

IMF는 기업에 대한 방만한 대출 경영과 이 때문에 일어난 금융기관의
부실을 주요 원인으로 보고 국가재정을 축소하고 기업들의 경영책임을
물으며 강력한 구조조정을 요구했다. 그로 인해 연속적인 파산이 일어나
고 강력한 기업의 구조조정으로 실업자가 늘어나면서 생계를 이어가지

못하는 노숙자들이 많아졌다.

그때 나는 어린 나이에 왜 이렇게 많은 사람들이 길거리에서 저러고 있나 하고 생각을 했다. IMF라는 말을 처음 들었고 나라 살림이 어려워졌으니 국민이 다 같이 힘을 모아 나라를 살려야 한다고 연일 뉴스에서 금모으기 운동을 벌이고 국가 전체가 비장한 분위기였던 걸로 기억한다. 역사책에서나 보았던 국채보상운동을 떠올리며 막연히 그런 것이 아닌가 생각했다. 그리고 5년이 채 되지 않아 IMF에서 국가가 빌린 돈을 다 갚았다며 기업과 국민의 노력이 헛되지 않았음을 자축하는 이야기도 들었다.

간혹 우리의 IMF를 미국의 1929년 경제대공황과 비교하기도 한다. 이때 미국은 국가적으로 대규모의 사업을 통하여 실업자들을 살리는데 성공했다. 우리나라는 국제금융으로부터 국가의 재정을 축소하는 것과 기업의 강력한 구조조정이 조건이었기 때문에 국가적으로 일자리를 만들 수 있는 상황이 아니었다. 경제가 어려워지고 많은 사람들이 일자리를 잃었다.

하루아침에 직장을 나온 가장을 대신해 한 달이라도 버티기 위해 어린 아이를 두고 식당에 나가야 했고 누군가는 차마 가족들에게 말도 못하고 매일 공원에 가거나 산을 오르며 냉가슴을 앓는 이들이 많았다.

이 시기에 힘든 마음으로 매일 산을 오르던 한 가장이 있었다. 그러다 우연히 산에서 만난 분과 인연이 되어 부동산에 입문하게 된다. 그 당시 그는 자기 집이 없이 전세를 살고 있었다. 모든 경기가 안 좋으니 부동산 경기인들 좋을 리가 없었다. 집값이 터무니없이 내려가고 있었고 모두들 부동산은 끝났다고 생각하고 있었다. 그렇게 안 좋은 시기에 그는 집을 샀다. 당연히 집값은 많이 떨어진 상태였다. 그 시기에 다른 투자도 함께 겸했는데 그곳에서 많은 이익을 보았다고 한다. 그 이익을 고스란히 부동산을 사는 데 투자했고 경기가 서서히 회복되면서 자산이 커져갔다.

다른 분야도 마찬가지였겠지만 특히나 건설 경기는 더욱 힘들었다. 올라가던 건물이 멈추고 있는 곳이 한두 군데가 아니었다. 이때 그는 조그맣게 건설회사를 차렸다. 주변인들의 우려가 있었지만 나름대로 확신을 갖고 일을 시작했다. 그렇게 자기 사업을 하면서 계속 부동산에 투자를 했고 10여 년 만에 자산을 100억 원으로 키워냈다.

그리고 시간이 흘렀다. 2008년 미국의 금융시장에서 시작되어 전 세계로 퍼진 대규모의 세계금융위기가 왔다. 이는 1929년 경제 대공황에 버금가는 수준이었다. 금융위기 때에 부동산 가격이 다시 폭락했고 그때 다시 그는 기회가 있는 곳을 찾아 부동산 투자를 했다. 그렇게 해서 지금은 천억 원대의 자산가가 되었다.

그는 아주 적은 몇 천만 원으로 투자를 시작해서 지금은 천억 원대의 부자가 되었다. 결과만 놓고 보면 아주 간단해 보이지만 그렇게 어려운 시기에 투자하고 수익을 이룬 사람들은 치열한 분석과 노력을 한 사람들이다. 이미 부자가 된 사람들이 투자를 하거나 자금적으로 기댈 곳이 있는 사람들은 투자의 과정에 어려움이 생기더라도 여유가 있지만 투자금이 전 자산인 사람들은 절대적으로 원금을 지키는 투자가 되어야 한다. 부동산이 누구에게나 기회가 되는 것은 맞지만 당장의 이익을 노리는 투기와는 분명히 다르다.

노동과 자산이 함께 버는 구조가 필요하다

나의 고객 중 한 분 또한 IMF시절 남편이 건설업을 하다가 사업을 실패했다. 그들은 갖고 있던 집을 담보로 길거리 장사를 시작했다. 가진 돈이 없었기 때문에 가게를 얻을 형편이 안 되었고 매달 나가는 월세를 감당할 수 없었기에 노점을 시작하게 된 것이다. 처음에는 경험이 없어서 이익을 볼 수는 없었지만 다행히 생활비는 벌 수 있었다. 그렇게 경험이 쌓이고 수입이 생기자 돈을 모아 돈이 적게 들어가는 부동산을 매입했다. 어느 정도 돈이 모이자 다시 장사를 시작했는데 여기서는 큰 이익을 볼 수 없었다. 다시 비용이 적게 들어가는 장사를 시작했고 그곳에서 조금이라도 돈이 모이면 다시 돈이 적게 들어가는 부동산을 샀다.

이렇게 20여 년이 지났다. 그 힘든 시절을 어떻게 보냈는지 모르겠다고 한다. 지금은 어느 정도의 자산이 있어서 누구에게 아쉬운 소리를 하지는 않을 정도이고 일도 그냥 적당히 하면서 지낸다. 다행히 힘들게 일하면서 모은 돈으로 부동산에 투자한 것이 얼마나 다행인지 모른다고 했다. 그때 사두었던 것이 지금은 효자 노릇을 해주고 있다는 것이다. 그들이 돈을 벌면서 무리하게 구입만 한 것은 아니었다. 빚을 내서 부동산을 사면 어느 정도 갚을 때 까지는 허리띠를 졸라매고 갚아나가고 어느 정도 갚아지면 그 다음에 부동산을 샀다고 했다.

그분이 사둔 것이 모두 다 오른 것은 아니다. 어느 곳은 생각보다 많이 오른 곳이 있는가 하면 어느 곳은 오르지 않거나 조금 더 내려간 곳도 있다. 그래도 그분은 괜찮다고 한다. 오른 곳은 팔만 하면 팔고 아직 오르지 않은 곳은 더 두고 지켜본다고 했다. 이렇듯 여유 있는 사람들을 만나면 마음도 편안하다. 그분이 수백억대의 큰 부자로 일도 안하고 시간과 경제적인 부를 모두 이룬 것은 아니다. 지금도 일을 하고 계신다. 그나마 지금의 자산을 이룬 것은 돈이 조금이라도 생겼을 때 부동산에 투자를 했고 그때 사둔 것들이 물가를 따라 오른 것이다.

여러 전문가들이 국내외 경제 상황이 좋지 않다고 한다. 예전처럼 고성장이 아니라 사회가 저성장으로 가고 있기 때문에 예전처럼 높은 수익률을 보기는 힘들 것이라고 한다. 우리나라의 금융부실이 원인이라고 했던 IMF 때나 미국에서 시작된 금융위기 때나 전 세계가 서로 영향을 받지 않을 수 없다. 정부의 부동산 정책뿐만 아니라 국제적인 상황과 맞물려 비난 부동산뿐만 아니라 모든 투자가 어려운 상황에 놓여있다. 금융위기로부터 10년이 지난 지금 어쩌면 이전보다 더 어려운 상황이 벌어질 수도 있다. 그동안 무리하게 진행했던 투자는 자금의 여력이 없는 경우 힘들어질 수 있다. 이럴수록 부동산에 대한 공부가 절실해진다.

우리 경제에 크게 영향을 준 두 번의 큰 위기가 있었다. 20년 전의 IMF와 10년 전의 금융위기 사태이다. IMF시절 많은 국내 기업들이 도산하고 강력한 구조조정으로 실업자가 늘어났지만 국민은 국가의 보호를 받지 못했다. 경제를 살리기 위한 정책에 오히려 무지한 국민들이 알게 모르게 희생이 되기도 했다. 10년 전의 금융위기는 또 어떠했는가? 자본주의 사회에서 이제 국가가 한 개인을 보호하거나 책임질 수 있는 상황은 아니다. 한 가지 다행스러운 일은 자본주의이기 때문에 누구에게나 기회가 있다는 것이다. 우리의 노력 여하에 따라 달라진다. 누군가는 어려운 상황에 부정적인 관점으로 바라보고만 있고 또 누군가는 관점을 달리하고 더 없는 기회로 삼는다.

부동산 불패법칙 16

위기는 반드시 기회와 함께 온다!

IMF와 금융위기는 그 동안의 우리 경제에 가장 큰 충격이었다. 많은 기업과 개인들이 어려움에 처해질 때 더 이상 국가는 안전장치가 될 수 없었다. 그 기간에 가격이 하락한 금융과 부동산에 투자했던 사람들은 경기가 회복되면서 이익을 보았다.

위기는 반복되고 기회 또한 반복될 것이다. 위기가 기회임을 아는 지혜가 필요하다.

3장

초보 투자자를 위한
기적의
소액 투자법

01 오피스텔 분양 받기

02 갭 투자 제대로 알고 하기

– 실전이 불패의 성공을 부른다

　④ 갭 투자, 소형아파트로 승부하다

03 공동 투자로 기회 잡기

04 소액 투자 시 역발상 하기

– 실전이 불패의 성공을 부른다

　⑤ 분양받은 토지로 시세 차익을 노리다

05 알면 돈 되는 대출 이용하기

06 투자하며 종잣돈 만들기

07 초보자에게 필요한 투자 기본기 5가지

08 부자가 되려면 1%의 용기가 필요하다

오피스텔 분양받기

세상에 무의미한 시간은 없고 필요 없는 경험은 없다.
– 격언

오피스텔은 소액으로 투자가 가능하다

다른 사람들과 마찬가지로 나는 돈을 벌고 싶었다. 부동산으로 돈을 벌었다는 이야기, 경매로 돈을 벌었다는 이야기, 땅이 돈이 된다는 이야기는 들려왔지만 어디서부터 시작해야 할 지 막막했다.

어떤 이들은 사는 집을 옮겨가며 시세 차익을 보면서 투자를 하라고 하지만 아이들 학교 문제도 그렇고 이사가 쉽지 않았고 투자를 하고 싶어도 매달 일해서 모으는 종잣돈도 생각만큼 모이지 않았다. 돈을 모아놓으면 쓸 곳이 자꾸 생겨서 몇 천만 원도 내 손에 쥐는 것이 너무나 힘들었다.

40평대 아파트에 살면서 20평대 아파트에 월세를 주고 있었지만 그것도 대출이 있는 상태였다. 중형 아파트를 팔고 30평대로 이사를 하고 작은 아파트도 정리를 했다. 그때는 이런 것을 물어볼 만한 데도 없고 모든 것을 지식이 부족한 대로 나 스스로 판단해야 했다. 여하튼 몇 천만 원이라도 만들어 뭐라도 해보고 싶었다. 하지만 믿을 만한 부동산도 없었고 왠지 그들이 하는 말도 믿을 수 있는 것인가 싶고 중요한 부동산 등기부 등본도 제대로 보지 못해서 영 마음이 불안하기만 했다. 그렇게 갖고 있던 돈은 어느새 꼭 필요한 곳으로 가버리고 말았다. 여하튼 어떻게 그렇게 쥐고 있던 돈으로 뭐라도 하고 싶은 생각에 가장 금액이 적게 드는 부동산을 해야겠다고 생각했다.

오피스텔이 금액이 적게 들어가는 것을 알고 인기 있다고 소문난 곳을 찾아갔다. 모델하우스를 가보고 여러 군데 청약을 넣었다. 그러다 경쟁률 높은 곳에 오피스텔을 청약을 했는데 높은 경쟁률을 뚫고 당첨이 되었다. 일단 청약금은 얼마 되지 않아 부담이 없었다. 전매 제한이 없는 곳이어서 청약 후 바로 전매도 가능했지만 판단도 잘 서지 않고 해서 상황을 지켜보기로 했다. 9.5평 정도에 분양가는 1억8천만 원에 조금 못 미치는 금액이었다. 청약이 되고 나서 여러 부동산에 들러서 분양가와 월세 시세에 관해 문의를 하자 다들 부정적인 반응이어서 혹시 내가 잘못한 것은 아닐까 걱정도 되었다. 전에 가지고 있던 몇 천만 원을 챙겨들고 계약을 치렀다.

그리고 1년 후가 되자 여러 부동산에서 전화가 왔다. 청약을 하면서 인근 부동산에 들러 물건이 있으니 나중에 손님이 계시면 연락을 달라고 해놓았다. 그리고 건물 외관이 거의 마무리될 시점에 프리미엄을 주고 매매했다. 그때 내 오피스텔을 사신 분은 나이가 지긋한 분이셨는데 내 것말고도 여러 채를 매입하여 세를 놓으실 예정이셨다. 좋은 물건을 주어서 고맙다고 몇 번이나 인사를 받았다. 그분은 건축이 어느 정도 진행된 물건을 여러 채 사서 월세를 받으시는 분이셨다. 그다지 큰 금액은 아니었지만 나는 적게라도 수익을 볼 수 있었던 것에 만족했다.

그것을 계기로 작든 크든 투자를 하려면 공부가 필요함을 알게 되었다. 내가 잘 모르면 주위의 작은 부정적인 말이나 허황된 말에 흔들리기 쉽고 결정이 쉽지 않지만 내가 공부하고 철저히 분석한 것은 확신이 들기 때문에 오히려 남의 이야기를 들을 필요도 없다.

오피스텔 분양은 가격이 중요하다! 임대료로 가격을 정하라

처음 부동산을 오픈했을 때는 권리금이 없는 곳을 하느라 물건이 하나도 없었다. 손님이 오면 다른 부동산에 전화를 해서 연결을 했다. 아는 언니가 서울에 조합아파트를 매입하게 되었다고 기존에 갖고 있던 오피스텔을 매매해 달라고 해서 나의 첫 물건을 받게 되었다. 그리고 며칠 뒤 손님으로부터 전화가 왔다.

"오피스텔 문의를 좀 드려도 될까요? 적당한 가격과 그 지역에서 인지도가 좋은 적당한 물건을 보려고 합니다. 부동산을 잘 아시는 분이 이곳 오피스텔이 괜찮다 하셔서 한번 좀 보고 싶은데요."

"네. 광고에서 보셨다시피 여러 오피스텔들이 있습니다. 어느 정도 가격을 생각하시는지요?"

"일단 보고 결정을 하고 싶습니다."

나는 약속을 잡고 손님에게 보여줄 만한 물건을 예약해놓고 있었다. 처음에는 입주가 막 시작한 새 오피스텔을 보았지만 가격이 비싸고 크기가 너무 작아 탐탁지 않아 했다. 이곳은 10년이 넘는 오피스텔들은 최소 10평이 되는데 요즘은 대부분 6평대 남짓으로 작게 짓는 추세다. 나는 마지막으로 지어놓은 지는 10년이 넘어 오래되었지만 역과 가까워 세도 잘 나가고 게다가 바다도 보이는 곳이 있다고 하며 며칠 전에 언니로부터 받은 물건을 보여주었다. 손님은 보는 즉시 마음에 들어했다. 기존 세입자가 있었고 무엇보다 가격이 다른 것보다 저렴하여 바로 그 물건으로 결정했다.

그 날은 비가 왔는데 지금도 기억이 생생하다. 본격적으로 투자해야지 하고 처음 시작한 것이 오피스텔이었고 나의 첫 계약도 오피스텔이었다. 수수료가 크지는 않았지만 나는 내 물건과 손님을 맞추어 계약했다는 사실만으로도 너무 좋았다. 그곳에 있던 세입자는 1년을 더 연장하여 재계약을 했다. 임대인은 오피스텔에 관심이 많으니 좋은 물건이 있으면 연락을 달라고 했다.

그 고객은 지어진 오피스텔만 매입하고 싶어했다. 오피스텔 매수자 중 어떤 고객들은 새로 분양하는 것을 선호하는 경우도 있고 또 어떤 고객들은 지어져 있고 세입자가 있는 것만 선호하는 경우도 있다. 이미 지어져 있고 세입자가 맞추어진 곳은 취등록세를 부담하긴 하지만 임대를 맞출 걱정은 없다. 본래 주택의 경우 취등록세가 1.1%로 저렴한 편인데 오피스텔은 주택이면서도 4.6%의 높은 세율을 적용받는다. 1억의 경우라면 5백만 원 정도의 등록세와 부대비용이 들어간다. 대신 새로 분양 받는 오피스텔의 경우는 아파트처럼 분양 금액의 10%로 계약을 하고 중도금 대출도 가능하며 시기는 물건마다 다르지만 약 1년 반이나 2년 후 입주 시기 때에 잔금을 납부하면 된다.

면적에 따라서 취등록세 면제나 감면을 받을 수 있고, 자금이 10%만 들어가기 때문에 남은 2년 동안 자금을 마련할 수 있는 시간적 여유가 있다. 전매 제한 기간이 없는 처음부터 거래가 되기도 하고 있는 경우는 그 기간이 지나고 나면 물건을 매도할 수도 있다. 좋은 층을 분양 받으면 권리금이 붙어서 거래가 되기도 한다.

중개업을 하면서 오피스텔 임대를 놓게 되고 분양하는 여러 오피스텔을 접하게 된다. 분양사들은 대부분 높은 임대료를 이야기하면서 분양을 한다. 분양가에 맞추어 안내를 하다보면 그렇게 되기도 하고 또 임대료를 많이 받을 수 있다고 해야 손님들의 관심을 높일 수 있기 때문이다. 하지만 입주 물량이 많아지는 처음 시점은 임대료를 예상했던 만큼 받기 어렵다. 또 기존의 임대 시장 상황과 향후 입주 시장 상황을 고려해야 한다. 다행히 임차인들의 수요가 많아 물량이 부족하면 기대치나 그보다 높은 임대료를 받아 수익률을 높일 수 있지만 그렇지 않은 경우도 있다.

그러한 것을 가장 잘 알 수 있는 곳은 현장에서 임대를 맞추는 부동산이다. 기존의 오피스텔을 매수하는 경우, 임대가 잘 나가는 곳인지 월세는 얼마나 받을 수 있는지만 알아보면 되지만 새로운 것을 분양 받을 때에는 특히 그 지역의 전문가의 도움이 필요하다.

오피스텔을 분양받을 땐 이것부터 알아보자. 오피스텔 분양 가격이 적정한가를 판단한다. 가격의 판단은 가장 현실적으로 받을 수 있는 임대료로 책정한다. 2년 뒤에 입주가 가능한 오피스텔이라면 2년 뒤에 받을 수 있는 임대료의 수익으로 수익률을 보았을 때 5~6%의 수익률이면 양호하다. 다만 금리가 오른다면 대출금을 줄이는 것이 좋다. 2년 뒤에 물가가 올라서 임대료가 오르면 수익률은 더 높아지지만 공급량에 따라 조정을 받을 수 있기 때문에 그것까지 감안해서 가격 선을 잡는다. 나의 경우는 가격이 일단 다른 물건들보다 2천만 원 정도 저렴했기 때문에 입주

시 일시적으로 많은 양이 공급되어도 나쁘지 않은 투자다. 최근에는 토지비와 건축비가 오르면서 분양가가 점점 더 오르고 있다. 제대로 분석이 필요한 때이다.

부동산 불패법칙 17

소액으로 투자 가능한 오피스텔, 분양 가격 제대로 판단하라!

오피스텔 분양 평수는 원룸 기준 6.5평~8평 미만인 곳이 대부분이다. 가격은 1억에서 2억 미만으로 다양하다.

최근에는 고급 지향의 오피스텔이 많아지고 있는 추세다.

2년 뒤 입주한다하더라도 현실적인 임대료로 분양가를 산정한다. 공급량이 많다면 지금 지어져 있는 부근의 임대료가 가장 현실적일 수 있다.

갭 투자 제대로 알고 하기

위험을 예상하는 것은 이미 반은 피한 것이다.
– 토마스 풀러 Thomas Fuller

투자금이 적게 들어가는 갭 투자도 여유자금이 필요하다

전세 세입자의 전세금과 자기 돈을 합하여 집을 매입하는 것을 갭 투자라고 한다. 전세가가 오르는 것을 전제로 이루어지는 투자인데 2년 뒤 전세가가 오르면 그 오른 전세 금액을 받아 다른 집을 매입한다. 2년 뒤 나중에 오른 전세가와 그 전에 샀던 전세가가 오르면 그 금액으로 집을 또 매입한다. 소형 평수는 가격이 높지 않고 전세와 매매가 차이가 많이 나지 않는 곳은 2~3천만 원으로도 가능해서 인기 있는 투자 형태다.

분양가만 해도 6억에서 7억 정도 하는 아파트를 신혼부부가 사기에는 버거운 금액이다. 최근 지나치게 높은 주택 가격으로 부담이 생긴 젊은 사람들이 저렴하고 환경이 좋은 쪽으로 이동하고 있다. 이러한 곳은 주택 가격도 그다지 높지 않아 직장인들이 매입할 만하다. 결혼 하면서부터 주택을 마련해서 들어오는 사람들도 있고 당장 주거가 힘든 경우는 2년 정도 전세나 월세를 준다. 이렇게 갭 투자를 이용하여 내 집 마련을 할 수 있다. 2년의 기간 동안 레버리지를 활용하는 것이다.

이러한 방법을 모르는 사람들도 생각보다 많다. 집을 살 때 전세자의 자금이 함께 들어가서 내 돈의 부담은 그만큼 줄어든다. 가끔 젊은 사람들이 전화를 해서 집값이 이 정도인데 돈이 얼마가 들어가는 것인지 물어보는 경우도 적지 않다. 집값이 3억이라고 하자. 전세 1억 6천이라면 나머지 1억 4천만 내가 준비하면 된다. 그중 보유하고 있는 자금이 1억이라면 4천만 원은 대출을 받을 수 있다. 이것은 얼마 전 문의한 직장인의 경우이다. 이 사실을 알려드렸고 그분은 생각보다 적은 금액이 들어가는 것에 놀랐다.

7~8년 전부터는 집을 사기만 하면 오르던 시기가 있었다. 전세가 끝나는 기간인 2년이 지나면 전세 가격이 올라서 그 돈을 받아 다시 전세를 끼고 집을 산다. 이러한 방법으로 집 수를 늘려가 10채는 기본이고 20채를 보유하고 있는 경우가 많다. 심지어 고객 중 한 분은 70채 정도를 보

유하고 있다. 이러한 투자는 적은 금액으로 투자가 가능하고 우리나라처럼 전세 제도가 있기에 가능한 일이다. 고객 중 한 분은 직장에 다니면서 그렇게 시작하면서도 매도를 하며 최근까지 몇 채를 남기고 모두 정리를 했다. 가격이 이미 많이 올랐고 정부의 규제가 있기 전이지만 미리 준비를 하고 있었던 것이다.

그동안은 대출이 어렵지 않아 이러한 투자가 가능했었다. 한동안 이 방법으로 적잖은 사람들이 많은 자산을 이루었다. 그런데 조심할 부분이 있다.

그날 40대 여자가 사무실로 들어왔다.

"전세 만기가 되었는데 자꾸 독촉을 하네요. 내가 돈을 어디 쌓아두고 사는 것도 아니고 참 고민스럽네요."

"그러시군요. 빼보아야지요."

"사모님 댁은 위치나 층 모두 선호하는 곳이라 천만 원 정도만 조정이 되면 다른 세입자를 맞추어볼 수 있을 것 같은데요."

"사실 천만 원도 힘든 상황입니다. 부탁 좀 드립니다."

전세가 계속 오르기만 할까? 한동안은 계속 오르다가 어떤 시기는 일시적으로 내려갈 수도 있다. 이때 미리 자금을 준비해두거나 마련할 방법이 없는 경우는 곤란한 상황이 된다.

중개업을 하면서 다양한 고객을 만나게 된다. 이러한 경우 어떤 임대인은 그동안 잘 살아주어 고맙다며 차이가 나는 전세 금액을 융통하여 돌려준다. 어떤 임대인들은 정말 천만 원의 자금도 융통할 수 없을 정도로 매입만을 하는 경우도 있다. 사정이 어려워 집을 팔려 해도 원하는 가격으로는 팔리지 않아 샀던 것보다 더 낮은 가격으로 물건을 내놓기도 한다. 그것도 잘 안 팔리면 전세금을 받아 이사를 해야 하는 세입자와의 갈등으로 마음고생이 이만저만이 아니다. 이러한 일이 발생하지 않기 위해서는 자금 계획을 잘 세워야 한다.

적은 투자금이 아니라 부동산 가격이 중요하다!
오르는 가격에 갭 투자는 절대 조심하라!

한 고객은 며칠에 한 번씩 전화를 해서 만기 전에 전세를 빼야 한다며 급한 심정을 토로한다. 서울은 지금 1주일 만에 몇 천만 원씩 오르고 있으니 어서 빨리 자금을 마련해야 한다는 것이다. 전세를 빼고 돈을 받으려면 아무리 빨라도 한 달 정도가 걸리는데 아마도 계약금이라도 받아서 한창 오르고 있는 곳에 투자하려는 모양이다.

물론 경우마다 다르긴 하겠지만 한창 오르는 곳에 투자를 할 때는 어디가 꼭지인지를 판단하기가 어려워서 신중해야 한다. 그냥 무작정 오른다는 분위기에 맞추다 보면 손해를 볼 수도 있다. 확실한 투자의 원칙을 갖고 공부가 필요한 이유다. 모든 집이 다 오르면 좋겠지만 어떤 곳은 오르고 어떤 곳은 조정을 받기도 한다.

현장에 있다 보면 투자가 핑크빛만 있는 것은 아니다. 갭 투자로 한참 이득을 보았던 사람들도 자금의 여유가 없는 사람들의 경우는 한 순간에 당황할 일이 생길 수 있다. 아무리 입지가 좋다고 해도 정부의 정책이나 대출 금리가 오르다 보면 여러 가지 변수가 생길 수 있다.

갭 투자를 한다고 무리하게 집을 많이 구입하는 것은 이제 조심스러운 일이 되었다. 전세가와 매매가의 차이가 적어 투자금이 적게 들어가는 것이 갭 투자이고 전세가가 올라간다는 것을 전제로 하는 투자이다. 기존에는 담보 대출이 쉬워서 갭 투자를 하기 좋았지만 앞으로는 만만치 않다. 정부가 타겟으로 하는 정책 중 하나가 바로 이 부분이기 때문이다. 최근 새로이 발표된 정책은 주택임대사업자에 대한 대출이나 세제 혜택이 앞으로는 크게 축소될 것으로 보인다. 주택임대사업자의 의무 보유 기간도 8년이 되었다.

갭 투자라면 전세가와 매매가가 차이가 적게 날수록 좋다는 것이 일반적인 생각이다. 이렇게 차이가 거의 없는 경우는 일단 투자비가 적게 들고 높은 전세율이 집값을 밀어올리기 때문에 집값 또한 오를 것이기 때문이다. 어떤 곳은 인기가 좋아 가격 자체가 높아 자금이 어느 정도 있어야 투자가 가능하다. 이러한 곳은 조정을 받는 시기에 매매가와 전세가가 함께 빠진다면 이 또한 위험할 수 있다.

그렇다고 이제 막 투자를 하려는 사람들에게 기회가 없는 것일까? 조정 지역 대상이 아닌 곳은 여전히 대출이 가능하다.

인구가 유입 중에 있고 교통이 좋아지는 호재가 확실하다면 현재 전세가 비율이 높지 않다는 것은 향후 더 떨어질 확률이 거의 없다고 보면 된다. 대신 이 같은 경우는 호재가 확실해야 한다. 향후 발전 가능성이 있는 곳에 적은 자금을 투자하는 것도 방법이다.

갭 투자는 타인의 자산을 활용하는 방법 중의 하나다. 한동안 유행처럼 번지던 이 투자 방법은 정부의 정책과 맞물려 조심스런 접근이 필요하다. 부동산은 경험으로 가려면 특성상 시간이 오래 걸린다. 이러한 시간을 단축시켜줄 멘토를 제대로 찾는다면 누구나 부동산을 어렵지 않게 시작할 수 있다. 우리나라에 전세제도가 유효하고 저리로 진행하는 전세자금대출이 있는 한 적은 돈으로도 자산을 늘려갈 수 있는 몇 안 되는 방법 중 하나가 바로 갭 투자다.

갭 투자도 가격에 신경써라!

갭 투자는 투자금이 적게 들어가는 장점이 있지만 전세금이 빠지는 때를 생각해 여유자금을 마련해야 한다.

인구 유입이 예상되며 교통호재가 있는 곳에 선점하여 갭 투자를 해놓았다가 내 집 마련의 기회로 삼을 수 있다.

또한 저평가된 부동산에 갭 투자해놓는 것도 좋은 방법이다.

④ 갭 투자, 소형 아파트로 승부하다

B는 작은 병원을 운영하는 의사이다. 그는 주로 20평대 소형 아파트를 매입한다. 소형 아파트의 가격은 2억원대로 전세와 매매가의 차이가 적게 나는 곳은 2~3천만 원 정도이다. 전세의 경우 1억을 주고 1억은 대출을 받는다. 월세의 경우 임차인에게 받은 월세로 대출을 감당한다. 소형 아파트의 세금혜택이 많을 때 주택을 매입했고 지금은 임대사업자로 등록을 했다.

그는 수익률이 나는 시점마다 한 채씩 정리를 해나가고 있다. 물론 이익이 많이 나는 때도 있고 적게 나는 때도 있지만 이익이 나는 것은 변함없다. 왜냐하면 이익이 날 때 매도하기 때문이다.

공동 투자로 기회 잡기

천천히 가도 된다. 잃지 않는 투자가 우선이다.
– 박영옥(스마트인컴 대표, 주식투자자)

공동투자로 토지 분양 받을 수 있다

작년 여름 한 고객이 부동산으로 찾아왔다.

"땅을 샀는데 요즘 분위기는 어떤가요?"

위치를 보니 택지를 갖고 계셨다.

"최근까지 점포 주택지는 거래가 되고 있지만 택지는 조용합니다."

그분이 갖고 계신 땅은 두 군데 모두 택지로 1년 전에 LH에서 분양 받은 곳이다.

"그렇군요. 손님이 계시면 두 군데 모두 정리하고 싶습니다. 가격은 마이너스도 생각합니다."

"알겠습니다. 손님이 계시면 연락드리겠습니다."

그렇게 매도를 의뢰한 고객이 돌아가고 한 달여 정도가 지났을 무렵, 그 부근으로 땅을 보고 계신 손님이 있다며 인근 부동산으로부터 연락이 왔다. 그 부근은 한 필지당 70평 정도가 조금 넘는 편인데 아마 두 필지 정도는 필요한 모양이었다. 상대편 부동산과 얘기 끝에 분양가 그대로를 거래하기로 했지만 아무 이익도 없이 수수료를 받으려니 죄송한 마음이 들었다. 그렇게 말했더니 손님은 아니라며 팔아줘서 고맙다고 하시면서 자초지종을 말해주었다.

그 분의 형제는 셋으로 형님과 누나 이렇게 셋이서 전국에 토지를 분양하는 곳마다 인기 있는 필지 몇 군데를 골라 청약을 하는데 작년에 영종도, 그 후에 파주에 분양을 넣었다. 파주에 분양 받은 곳 중 한 곳이 많이 올라 이번에 정리를 했고 영종도 몇 군데 중 두 개 정도를 정리하며 자금을 확보 중이라고 했다. 다행히 이번 건이 팔려서 다음 회차 토지에 들어갈 금액 부담이 줄어들었다며 매도를 도와주어서 고맙다고 했다.

토지를 사는 방법도 여러 가지가 있다. 기존의 땅을 지주로부터 그대로 매입하는 경우도 있지만 LH에서 기반공사를 해서 땅의 크기를 정하여 필지로 나누어 일반인에게 분양을 하기도 한다. 시간이 지나면 애초

분양가보다 높은 프리미엄이 붙어서 위치가 좋은 택지 분양은 전국 어디나 청약률이 좋다. 인기 있는 필지 위주로 청약률이 높고 당첨되기가 힘들기도 하지만 꼭 인기 있는 필지뿐만이 아니라 그 부근으로 경쟁이 낮은 곳에 분양을 받아도 땅값이 오를 때는 함께 상승효과를 본다. 분양 후 처음에 10%를 납부하고 나머지는 분할하여 납부한다. 분양가가 아무리 적다해도 한 필지당 3억이 넘기 때문에 한 번에 납부하는 금액이 3천만 원이 넘는데다 여러 군데에 사두었거나 분양을 받았다면 1억 가까이 금액이 들어가서 부담이 된다. 대부분 처음과 여력이 되는 곳까지 현금을 넣고 나머지는 대출을 일으키기도 한다.

위의 고객의 경우는 마음에 맞는 가족들과 함께 투자를 하니 모든 것을 함께 의논하고 자금 면에서 부담이 적고 이익이 나면 함께하게 되어 좋다고 하셨다. 중개를 하다 보면 이렇게 여럿이 자금을 만들어 투자를 하는 경우를 종종 본다. 가족이라면 믿고 갈 수 있고 의견충돌이 생기더라도 크게 문제없이 잘 마무리가 된다.

부동산을 하면서 알게 된 C는 중개인과 손님으로 만났다 친해지게 되었다. 처음부터 부동산에 관심이 많다며 지역에 대한 전망이나 이것저것을 물어보았고 기회가 된다면 부동산에서 실장으로 일해보고 싶다고 하며 적극적인 성격이었다. 그녀는 살면서 그동안은 부동산에 별 관심이 없다가 지인의 추천으로 몇 분과 함께 영종도역 앞 상업용지에 청약을 넣었다. 서로 각자 청약을 하고 그중 누구라도 당첨이 되면 함께 자금을 모아 계약을 하기로 했는데 그곳이 당첨이 된 것이다. 여러 의견이 있었지만 그중 경험이 있는 분을 중심으로 분양가보다 높은 가격에 매도를 했다. C는 그곳에서 난 이익으로 할인 분양하는 소형 아파트를 매입했다.

그 일을 계기로 C의 남편은 아예 직장을 정리하고 공인중개사 자격증을 준비 중이라고 했다. 우연한 기회에 부동산을 접했다가 직장생활에서는 생각할 수도 없는 이익을 본 후 비전을 본 경우이다. 최근에 그 상업지역의 프리미엄은 2배가 되었다. 보통 상업용지는 여럿이 함께 들어가는 경우가 많다. 입지가 좋은 곳이 최근에 거래가 되었는데 면적이 큰 상업용지라 분양 금액도 컸고 지금은 2배 가까이 시세가 형성되었다. 이렇게 기회가 될 만한 곳은 여럿이 함께하면 당첨 확률도 높아지고 당첨되고 나서 들어가는 자금 부담도 적다.

C와 같은 상업용지에 20명의 지주들이 조합의 형태로 땅의 지분을 소유하고 있다. 문제는 사람들이 많다 보니 일을 추진하는 데 있어서 의견이 합쳐지지 않아 모든 결정이 쉽지 않다. 몇 번의 기회가 있었지만 의견이 분분하니 매도하기도 어렵다. 이중 몇몇 분은 땅을 팔지 않고 건축을 해서 분양을 하고자 했다.

지주들은 처음 이 지역의 다른 곳에 땅을 갖고 있다가 땅이 수용되면서 보상을 받았기 때문에 전문가들은 아니다. 그러다 보니 믿고 일을 진행할 만한 전문가를 찾는 일도 쉽지 않은 것이다. 이런 경우는 이익을 실현하기까지 시간은 오래 걸린다. 그러나 잘되면 이익을 크게 볼 수 있는 이점이 있다. 여하튼 이 분들도 일이 잘 해결되어 좋은 결과가 나오길 바란다.

부동산은 여러 형태의 투자방법이 있다

내가 부동산에 본격적으로 관심을 갖기 시작한 것은 10년이 훨씬 넘었다. 부동산에 관련된 책을 보고 '투자할 만한 것은 무엇일까? 어떤 방법이 있을까?' 생각해 보았다. 그러나 막상 부동산을 가면 뭔가 낯설고 때로는 사기꾼 같은 분위기에 발길을 돌릴 때가 많았다. 자금도 넉넉지 않은 데다 그러한 것을 모르는 사람들에게 이야기하기도 쉽지 않고 한 지역에 오래 살다 보니 서로 잘은 몰라도 얼굴 정도는 낯이 익어 더 내 속사정을 이야기하기 어려워진 탓도 있었다.

'돈을 어느 정도 모아서 뭐라도 해야겠다.'

이렇게 생각하고 다시 일상으로 돌아가 열심히 일하며 종잣돈을 모아갔다. 하지만 그렇게 시간이 흘러도 생각처럼 돈은 모으기 힘들었다. 오히려 일에 지쳐 투자나 꿈같은 건 잊어버리는 날이 늘어가고 그럴수록 허전함은 쌓여만 갔다.

'나는 기회를 보고 있어.'

이렇게 나름대로 스스로를 위안해가며 하루를, 한 달을, 1년을 그렇게 몇 년을 달라지는 것 없이 보냈다.

비록 가진 돈이 적더라도 여러 투자의 방법이 있는 줄 알았더라면 더 빨리 부동산에 입문할 수 있었을 것이다. 좀 더 지속적인 관심을 갖고 적극적으로 알아보았다면 좋았을 것이다. 지금 돌이켜보면 부동산 투자나 관련한 것들에 대해 내 자신이 편견을 가진 것이 가장 큰 이유였다. 돈을 벌고 싶은 마음 한 구석에 '부동산으로 정말 돈을 벌 수 있을까?'라는 의구심 또한 있었던 것 같다. 당시 주변에서 부동산으로 돈을 벌었다는 이야기를 거의 듣지 못했기 때문에 더욱 그러했다. 그러나 부동산 중개 일을 하면서부터는 부동산으로 손해를 본 사람보다는 이익을 본 경우가 훨씬 더 많았다.

큰돈이 들어가는 부동산에 공동투자로 기회를 잡을 수 있다. 일반 토지를 매입할 때는 계약금과 나머지 잔금을 한꺼번에 치러야 하지만 LH

가 분양하는 토지는 전체 금액의 10%만 계약금으로 납입하고 나머지를 10회 정도로 균등 분할하여 납부한다. 자금 전체를 한꺼번에 납부해야 하지 않고 대출자의 상황에 따라 대출이 가능하다. 택지의 경우는 100평 미만으로 3억이 안되게 분양하기도 하고 상업용지의 경우는 평수도 다양하고 수십억에 달하기도 한다. 분양가는 수십억이어도 계약금은 10%이다. 경쟁률이 높고 앞으로 좋은 곳은 프리미엄이 형성된다.

부동산 불패법칙 19

다양한 부동산 투자에 눈을 떠라!

LH에서 분양하는 토지 중 개인이 쉽게 접근할 수 있는 택지나 점포 주택지가 있다. 초기 분양 시에 평당 3백~4백만 원 정도로 10%를 계약금으로 하고 나머지는 분할 납부 방식이다.

또한 수익률이 높은 상업용 토지는 큰 평수라 금액이 부담스럽지만 자금을 모은다면 공동으로 투자가 가능하다.

04

소액 투자 시 역발상 하기

사람의 일생은 돈과 시간을 쓰는 방법에 의하여 결정된다.
이 두가지 사용법을 잘못하여서는 결코 성공할 수 없다.
— 다케우치 히토시 Dakeuchi hitoshi

역발상으로 틈새시장을 노려 수익을 잡는다

부동산에 관심을 갖게 되는 계기는 사람마다 다르다. 어떤 사람들은 부동산을 하면 꼭 많은 돈과 시간을 들여야 한다고 생각하기도 하지만 꼭 그런 것은 아니다. 우리가 사는 집이 부동산이다 보니 어쩌면 가장 직접적이고 가장 가까이에 있어서 살아가면서 그때그때 관심만 갖는다면 자연스럽게 살면서 투자가 가능해지는 일이다.

내가 아는 지인도 처음엔 관심조차 없었는데 가족 중 한 분이 부동산에 관련된 일을 하다 보니 이런저런 얘기를 듣게 되고 이사를 해서 새로운 곳을 가게 되면 자기가 살 집뿐만 아니라 주변의 다른 부동산에도 자연스럽게 묻게 되었다고 한다. 그러다보면 급매나 좋은 정보가 생겼을 때 중개인으로부터 연락이 오고 해서 적은 금액으로 투자를 시작하게 되었다.

M은 사는 곳이 서울이었는데 인천의 한 대학에 강의를 맡게 되어 더 가까운 곳으로 살 집을 알아보게 되었다. 일부러 관심을 가지고 부동산 공부를 따로 하지는 않지만 이사를 해야 할 때는 특히 주변을 살피게 된다. 우연히 공항에 왔다가 이곳 주변이 도로나 기반시설이 예전보다 상당히 좋아졌고 공기도 맑은 것이 마음에 들었다. 무엇보다도 아직 오르지 않은 집값에 더욱 매력을 느꼈다.

서울에 있는 집은 전세로 주고 그 돈으로 당시 역에서 가까우면서도 산책로를 따라 바다가 보이는 10층 건물의 10층 오피스텔을 매입했다. 나중에 글을 쓸 때 작업실로도 쓸 수 있도록 미리 사놓고 본인은 30평대 아파트에 전세로 들어갔다.

그리고 2년 정도가 채 안 되어 서울에 또 다른 아파트를 사게 되면서 아쉽지만 매매해야 할 상황이 되었다. 5천만 원이 안 되게 매입한 오피스텔은 2년간 월 3백만원에 월세 35만 원을 받고 있었는데 대출을 이용하여 구입했기 때문에 들어간 돈은 2천만 원가량이다. 월세로 이자를 감당하고도 많지는 않지만 매월 세가 나왔고 7천만 원의 가격으로 매도하여

2천만 원가량의 시세 차익을 본 것이다. 원래 들어갔던 돈과 시세 차익금을 합하여 서울에 아파트 계약금으로 다시 투자되었다.

24시간 돌아가는 공항 근처에는 근무자들이 주로 사는 오피스텔이 있다. 18년 이상 되다 보니 좀 낡고 불편한 감은 있지만 공항과 가장 가깝고 무료셔틀이 있어서 주변 오피스텔은 공실이 없다. 얼마 전 업무단지의 오피스텔을 여럿 갖고 계시던 분이 하나를 급매로 내놓았다. 가격은 정말 급매여서 전세로 놓는다면 들어갈 금액이 얼마 되지 않는다. M은 그 물건을 매입했다. 오피스텔은 수익형이라 대부분 모두 월세이다. 어쩌다 전세가 나오면 바로 잘 나간다. 아니나 다를까 매입과 동시에 바로 전세를 내놓았다. 가격은 매입과 전세가가 동일했다. 들어간 비용은 취등록세를 비롯한 각종 부대비용뿐이었다.

오피스텔로 몇 천만 원씩 크게 시세 차익을 보려면 분양가가 애초에 저렴하던가 4~5년 정도 후 시세가 좋아졌을 때 파는 경우이다. 요즘은 오피스텔도 분양가가 만만치 않게 비싼 경우가 많다. 그러나 이미 형성되어 있는 오래된 곳은 가격이 새것에 비해 월등히 싸다. 새로 분양하는 곳의 60%가 되는 곳도 있고 찾아보면 급매의 경우는 전세 가격과 같게 매물이 나오는 경우도 있다. 이러한 물건을 사둔 뒤 적정한 시기에 차익을 보고 매도한다면 수익 또한 나쁘지 않다. 남들이 모두 새것으로 방향을 두고 있을 때 틈새시장을 노리는 방법이다. 부동산 투자에서 역발상으로 수익을 내는 경우이다.

분양권 전매를 노린다면 입지가 좋은 곳의 로얄동과 로얄층이다

소형 아파트나 수도권의 경우 2천만 원대로 계약이 가능한 아파트도 있다. 굳이 주택에 거주하거나 임대사업을 목적으로 하지 않고도 물건 고르듯 투자 상품으로 보는 분들도 많아졌다. 부동산 투자를 쇼핑으로 표현하는데 그만큼 가깝고 쉬워졌다는 말이다. 분양권의 경우를 보면 그 말이 이해가 간다.

어느 날 부동산을 찾은 고객은 20평형대의 아파트를 1년 전 분양을 받았다고 하며 여러 채를 물건으로 내놓았다. 바다가 보이는 전면 동의 고층은 2천만 원이 넘는 프리미엄이고 안쪽의 경우는 5백만 원부터 다양하게 가격을 정하여 매도를 부탁했다.

이 고객은 아파트를 분양할 때 여러 채를 분양 받아 계약금의 10%로 계약을 했다. 중도금이 무이자로 진행되어서 신용에 문제가 없다면 충분히 전매가 풀리는 때까지 가져갈 수 있다. 제한 기간이 풀리면 물건을 내놓고 투자자나 실거주할 사람들에게 프리미엄을 받고 매도를 한다.

최근에는 주택의 가격이 서울을 비롯하여 수도권까지도 밀려서 오르고 있는 현상이 빚어지고 있다. 사실 이럴 때 많은 사람들이 집을 사야 하나 말아야 하나 망설인다. 사람들은 오르는 곳에 너도 나도 사려는 심리가 있다. 더 오를 것으로 보이기 때문이다. 사람들의 기대 심리로 계속 오르기 때문에 어디가 꼭지인지 판단하기가 쉽지 않다. 얼마 전 서울의 집값이 2주 만에 1억 이상 오른 곳도 있다. 물론 지역에 따라 차이는 있겠지만 이러한 곳은 향후 조정이 될 가능성이 높다. 만약 조정되는 가격보다 오른 가격에 들어간 사람들은 손해가 될 수 있다.

그럼 내려가는 곳은 어떨까? 어떤 지역은 일시적인 공급량과 정부 정책으로 가격이 조정을 받고 있다. 한편 내리는 곳은 계속 더 내려갈 것 같아서 사지 못한다. 이럴 때에도 타이밍을 잘 잡아서 투자한다면 이익이 된다. 내리는 지역에서 가격이 조금 더 내려갈 수도 있지만 이러한 곳은 향후 당연히 가격을 회복한다. 이것을 보지 못하는 사람들은 남들이 투자하는 곳만을 따라서 들어간다. 입지가 좋아 선호하는 곳은 최소한의 프리미엄이 보장된다. 이런 곳을 선택한다.

최근 정부가 다주택자들의 보유세와 신규 대출을 규제하면서 급매가 많이 나오고 있다. 여러 주택을 보유하고 있는 사람들은 주택을 정리할 때 그동안 많이 오르지 않았던 물건들부터 정리하려고 한다. 여태껏 오르지 않았기 때문에 더는 오르지 않을 거라고 생각하던가 아니면 알아도 어쩔 수 없이 매도하기도 한다. 그런데 그중에 앞으로 오를 것들이 있다. 어느 정도까지는 떨어지지만 더 이상 떨어지지 않을 곳이라 판단되면 이러한 곳에 투자해야 한다. 이런 곳이 가격이 저평가된 곳이다. 가격이 저렴하기 때문에 투자금도 적게 들어간다. 소액으로 투자하고자 한다면 이러한 곳을 추천한다.

초보자라도 소액으로 투자가 가능하다. 가격이 저렴한 오피스텔을 구입하여 시세 차익을 보는 방법이 있다. 이럴 때 가진 자산이 집 하나인 경우, 자가를 전세로 주고 전세를 받은 돈으로 저렴한 물건을 구입하고 본인은 다시 전세로 들어간다. 매입 수입이 나면 정리하면서 계속 투자가 가능하다. 소형 평수의 아파트는 분양가가 저렴하기 때문에 향후 상승 여력이 있는 아파트를 계약하고 전매 제한 기한이 지난 다음 분양권을 거래할 수 있다. 물건에 따라 수익을 정하고 적정한 가격에 매도한다. 소형 평수의 아파트를 급매로 전세를 끼고 매입하는 방법도 있다. 가장 저평가되었다고 판단했을 때 매입 시기를 잡는다.

부동산 불패법칙 20

부동산 투자에도 역발상을 이용하라!

새것만 좋은 것은 아니다. 비싼 곳 주변에 가격이 저렴한 부동산이 있다.

이런 곳은 사람들의 관심에서 멀어진 듯하지만 적은 가격으로 투자하는 사람들에게는 기회가 된다.

올라가는 금액의 프리미엄을 투자로 잡을 때에는 위치가 좋은 곳, 즉 사람들의 선호도가 높은 곳을 선택한다.

⑤ 분양받은 토지로 시세 차익을 노리다

C군은 부동산에 한 아주머니와 함께 왔다. 땅을 보고 싶다며 좋은곳을 추천해달라는 것이다. 같은 직장에 다니는 두 분은 결혼도 안한 총각이 벌써 큰 자산을 이루었다며 조언을 구하고자 함께 왔다.

이곳은 역 부근의 점포주택지로 2014년에 분양한 지 3년이 되어간다. C는 이 부근의 땅을 10필지를 구입했다. 그 당시 땅값의 10%를 넣고 5년 간 무이자 할부로 6개월마다 납입하는 조건이었다. 지금은 분양한 땅값의 2배가량이 올랐다. 간혹 팔라는 전화가 오지만 그는 자금사정이 가능한 한 보유할 의사가 있다. 그가 사놓은 땅을 토지 상태로 매매할지 건축하여 매매할지는 그의 선택이다. 이곳은 역세권이면서 건너편에는 산업단지가 들어설 예정이다. 지금은 그들이 다녀간 때보다 많은 건물들이 들어서고 있다. 땅값은 그때보다 조금 더 올랐다.

05

알면 돈 되는 대출 이용하기

돈이 돈을 낳는다. 돈이 돈을 번다.
– 존 레이 John Wray

전세에도 대출을 이용할 수 있다

다섯 살 난 딸아이를 데리고 처음 인천으로 왔을 때 수중에는 간신히 보증금 천만 원이 쥐어져 있었다. 서울에서 벌인 일로 빚이 생겨서 가진 전세금을 모두 털어 일부를 갚고도 5년 넘게 남은 빚을 갚느라 온종일 일에만 매달려 살았다. 젖도 떼지 못한 큰 아이를 언니에게 맡겨놓고 안타까운 마음이 들 새도 없이 빚을 갚는 데만 매달려야 했다. 몸은 비록 힘들었지만 정신만큼은 늘 깨어 있었다. 일을 하려면 차가 꼭 필요했는데 차량 할부금을 제때에 내지 못하니 캐피탈에서 차를 가져가는 일마저 생겼다.

하지만 그때는 그러한 것들이 그리 심각하게 여겨지지 않았다. 심각하다고 생각하면 마음이 흔들릴까 봐 그랬는지 나는 매일 벌어지는 현실과의 싸움에서 매순간을 정신력으로 버티어 냈었던 같다. 그리고 그 모든 것은 과정이고 미래 어떤 순간에는 이것이 경험담으로 남을 것임을 한순간도 의심하지 않았다. 그래서 힘든 줄도 모르고 지내올 수 있었는지도 모른다.

부동산에 관심이 있으면서도 궁금한 것을 물어보지 못했다. 사람들은 곧잘 외부에 보여지는 부분만으로 사람을 판단해버린다. 부동산에 이러저러한 내 사정을 이야기하기 싫기도 하고 현실에 보이는 것만으로 그들이 그렇게 나를 보는 것을 인정하기가 싫었다. 지금에 와서 생각해보면 좀 아쉬운 부분이 있기도 하다. 진작 알았더라면 좀 쉽게 갈 수 있는 부분이 있었다는 것을 중개업을 하면서 알게 되었다.

1년 전에 있었던 일이다. 남편은 음식 사업을 여러 군데 갖고 계셨고 아내는 20년 넘게 공무원 생활을 하신 부부가 계셨다. 가게와 집이 멀리 있어서 가게와 가까운 곳으로 월세로 이사를 들어왔다. 기존 집도 있고 해서 30평대에 월세로 왔는데 매월 세가 80만 원에 아파트 관리비까지 해서 1백만 원 정도 들어갔던 것이다. 그 분들은 집이 있기 때문에 전세를 또 얻을 때 대출이 가능한지 몰랐던 것이다.

나중에 얘기를 듣게 되어 전세를 알아보고 내가 소개하는 곳으로 전세금의 80%를 받는 것으로 계약을 했다. 당연히 주거래 은행에서는 된다고 해서 계약을 했는데 잔금일 1주일을 앞두고 연락이 왔다.

"사장님, 문제가 좀 생겼어요. 은행에서 연락이 왔는데 전세 대출이 어렵겠다는 거예요"

"네? 공무원이시고 신용이 좋은데도 그런가요? 지난번엔 된다고 했잖아요?"

"그러게요. 아무튼 그렇게 돼서 혹시나 신용으로 가능한지 다른 방법으로 알아보기는 하겠는데 힘들 수도 있다고 하네요. 입주일에 잔금을 못 치르게 되면 계약금을 받을 수도 없는거 아닌가요?"

　신용이 좋으니 어떻게든 금액을 마련한다고 해도 대출까지는 2주 정도가 소요된다. 잔금일까지 1주일이 남은 상태라 시간이 너무 촉박했다. 나는 순간 당황했다. 평소 대출을 상담해주는 분께 급하게 연락하여 사정 말씀을 드려 꼭 잔금을 치러야 한다고 했다. 다행히 특별히 신경 써주셔서 무사히 잔금을 치를 수 있었다. 임차인도 십년감수했다며 대출여부를 기다리는 이틀이 한 달 같았다고 했다. 나 또한 마찬가지였다. 전세만 하더라도 직접 은행에 가서 대출을 알아보면 안 되는 경우도 여러 경로를 찾아보면 가능한 경우가 있다. 은행마다 다르고 같은 은행이라 하더라도 지점마다 상황이 다르기 때문이다.

이 일 이후로 항상 대출에는 더욱 신경을 쓰고 중개를 진행하게 된다. 그 분들은 전세대출을 이용해서 한 달에 80만 원을 내던 것을 40만 원 정도 이자를 내게 되었다. 비용이 반이나 절감되어 살 되었다고 너무 고마워하셨다.

집을 살 때는 이자가 저렴하고 상환 기간이 긴 대출을 이용하라

최근에 부동산 사무실로 여자 한 분이 오셔서 아파트를 보고 싶다고 하셨다.

"30평대로 아파트를 보러 왔는데요, 애들 아빠가 공항에 직장이 있어서요. 전세가 나을지 매매가 나을지 생각중입니다."

"외부에서 출퇴근하시면 비용이 많이 드실 텐데요?"

"네, 한 달에 60만 원가량 들어가니 길에다 돈을 버리는 격이 되었네요. 아이들도 둘이나 있지만 이쪽에 학교도 있고 해서 이번에는 들어오려고 합니다."

"당연히 그러셔야겠네요."

이 고객은 어머님까지 모시고 사는 경우라 이사 결정이 쉽지는 않았지만 6년간 4천만 원 이상 경비가 들어가다 보니 이사를 결정할 수밖에 없는 상황이 된 것이다. 나는 이 분께 이곳 돌아가는 상황을 이야기하고 전세보다는 크게 무리가 가지 않는다면 매매를 생각해보라고 권했다.

"네, 알겠습니다. 돌아가서 애들 아빠랑 상의해볼게요."

다음 날 통화를 했고 부부는 집을 매입하기로 방향을 잡았는데 기존에 살던 아파트를 매도하면 그때 가서 이쪽 아파트를 사겠다고 했다. 지금 이곳은 특별히 분양하는 아파트가 있어서 지금이 가장 적기다. 한 달이라도 시간이 지나면 좋은 물건은 빠지게 된다. 일반 매물로 나와 있는 것과는 천만 원 이상 차이가 나기도 하고 입주하지 않은 새 물건을 잡을 수 있는 좋은 기회이기도 했다. 나는 이러저러한 이야기를 해주고 강요까지는 할 수 없어서 편하신 대로 하라고 했다.

그 손님을 보내고 오래 전부터 알고 지내던 동생에게 전화를 했다. 동생은 이곳에 이사온 후 바로 결혼을 해서 신혼을 꾸렸다. 언제나 자기계발에 힘쓰고 열심히 사는 착한 부부로 둘째 아이를 낳아서 육아 휴직을 갖고 있는 중이다. 여태까지 부모님 도움 없이 부부가 알뜰살뜰 모아 지금은 자기 돈 1억과 약 8천만 원의 전세대출을 받아 25평 아파트에 살고 있었고 만기가 지나는 내년 여름쯤에 집을 장만할 예정이었다. 나는 내년까지 기다리지 말고 기회를 잡으라고 말해주었다. 동생은 이 아파트를 예전부터 사고 싶어했는데 이렇게 가격이 좋은 물건이 있는 줄 몰랐다면서 계약을 했다. 고마워하는 동생을 보며 나 또한 얼마나 기뻤는지 모른다.

여전히 많은 사람들이 대출을 꺼려한다. 집값이 워낙 크다 보니 몇 년간 돈을 모아서 70% 이상을 내 자금으로 하고 나머지만 대출을 받아서 이자 부담이 적은 상태로 집을 매입하고자 하는 것이다. 나는 이번 물건의 경우에는 대출만 나온다면 본인 생각에 무리가 된다 하더라도 집을 사라고 했다. 나의 사정에 따라 좋은 물건을 찾는 것도 좋겠지만 이와 다른 때가 더 많다. 이번 물건이 그러한 경우이다. 그럴 때는 조금 과감해질 필요가 있다.

시기를 보는 것도 부정적 시각으로 본다면 나에게 맞는 때는 영원히 오지 않는다. 보수적일 필요는 있지만 부정적인 태도는 늘 좋은 결과를 보기 어렵다.

동생 부부는 그동안 그토록 살고 싶어 하던 아파트를 가장 저렴한 가격에 사게 되었다. 이런 것이 살면서 투자가 가능해지는 그런 경우이다.

위의 친구처럼 전세로 살고 있어서 언젠가는 주택을 구입해야 하는 상황이거나 실제 거주가 목적인 경우는 자금 사정을 따져보고 가격의 적절성을 따진 다음 매입을 고려해본다.

시간이 흐를수록 화폐 가치는 떨어지고 그나마 물가상승을 뒷받침할 수 있는 것은 실질 자산 중 하나인 부동산이기 때문이다.

부동산에는 알면 돈이 되는 대출이 있다. 집이 있더라도 사업이나 직장관계상 필요하다면 전세대출을 받을 수 있다. 신혼부부의 경우는 전세대출이 90%까지 가능한 상품이 있다. 처음으로 주택을 구입하는 경우 수입이 일정 금액 이하이면 이자를 더 적게 내고 받을 수 있는 담보 대출도 있다. 결혼한 지 7년 이내까지는 신혼부부로 인정되어 부부 합산 소득과 신용에 따라 대출금과 이자율은 달라진다. 최근 부동산 정부 대책에는 신규 분양하는 아파트의 경우 신혼부부 혜택이 대폭 확대되었다. 신혼부부라면 자격조건을 따져보고 이러한 상품에 청약하기를 추천한다. 실제 현장에서는 아직도 많은 분들이 잘 몰라서 활용을 못 하는 경우가 많다. 그동안은 내 돈을 모으는 데 금융기관을 이용했다면 앞으로는 내 자산을 효율적으로 운용하는 차원으로 활용하자.

부동산 불패법칙 21

알면 돈이 되는 대출을 이용하라!

직장인과 소득이 있는 경우, 부동산을 전세로 얻거나 구입할 때 저렴한 이자로 대출을 받을 수 있다.

전세자금 대출, 주택구입 대출, 토지담보 대출 등 대부분의 부동산에 대출은 가능하다. 단, 무리한 대출은 조심한다. 최근에는 달라진 규정으로 소득에 따라 대출 금액이 정해진다. 이는 갚을 능력을 보고 대출을 해준다는 의미다.

06

투자하며 종잣돈 만들기

사람들은 언제나 돈을 저축하라고 충고한다. 그러나 이것은 나쁜 충고다.
모든 돈을 저축하지는 마라. 나는 마흔이 될 때까지 한푼도 저축해본 적이 없다.
– 헨리 포드 Henry Ford

프랜차이즈 운영과 은퇴 자금으로 종잣돈을 만들다

어떻게 종잣돈을 만들어야 할까? 투자를 하려면 돈이 필요하다. 나 또한 금액의 크기를 떠나서 일단 여윳돈이 있어야 가능하다고 생각했다. 그래서 모으려고 나름대로 애쓰며 살았던 것 같다. 3~4인 가족이 생활하는데 만만치 않은 비용이 든다. 맞벌이를 하더라도 아이들 교육비와 기타 경조사비 등을 챙기다 보면 정말 돈을 모은다는 게 얼마나 힘든 일인지 모른다.

최근 어떤 부부의 투자에 관한 이야기를 듣게 되었다. 그들은 5백만 원으로 시작해서 10년 만에 수십억을 벌었다고 한다. 외식 한 번 없이 먹는 것 입는 것 아껴가며 그렇게 돈을 모아 투자를 시작했다. 그동안 투자를 하다 하루아침에 10억이 넘는 돈을 주식으로 날리기도 하고 심한 스트레스로 암에 걸려서 치료도 받았다고 한다. 그동안의 깊은 고생과 실패 끝에 9년이 넘어서야 성공을 거두었다. 그들은 미래를 위해서 10년쯤은 악착같이 아끼고 돈을 모아 투자해야 한다고 말한다. 수십억을 번 그들이 존경스럽지 않을 수 없다. 그들의 돈이 부럽기도 하지만 꿈을 향해 포기하지 않고 성공할 때까지 했던 그들의 굳은 의지가 참 대단하다는 생각이 든다.

저렇게 아끼고 미래를 위해 돈을 모으는 방법도 있을 것이다. 상황에 따라서 돈을 모으는 방법은 여러 가지다. 나의 경우에 종잣돈은 모았다기보다는 만들었다는 것이 맞는 표현이 아닐까 싶다. 그들만큼은 아끼며 살지 못했던 것 같다. 그들에 비하면 입을 것 좀 입고 먹을 것 좀 먹으며 지냈다. 어느 정도 종잣돈이 모아지면 꼭 흩어지는 일이 잦았다. 그래서 집이 팔리자 전세로 옮기고 나머지를 종잣돈 삼아 30평형대 아파트를 샀다. 일단 2천만 원 정도를 빌리고 그것으로 사무실을 운영하기 시작했다.

20년 넘게 직장생활만 하던 A는 막 군대를 졸업한 아들과 부인과 함께 프랜차이즈 치킨피자집을 시작했다. 알다시피 프랜차이즈는 유통비와 로열티를 제외하면 그다지 많이 남지는 않는다. 직원을 쓰게 될 경우 비용이 더 빠지기에 아예 처음부터 가족들끼리 시작을 했다. 부부 각자가 경제 활동을 하고 있었고 알뜰하게 돈을 모아가고 있었지만 아들의 끈질긴 설득에 가족 모두 용기를 내기로 한 것이다.

처음 시작한 장사인 만큼 모든 것에 최선을 다했다. 비록 프랜차이즈로부터 받는 재료였지만 최고의 것만을 받고 재료도 항상 신선도를 유지했다. 모두들 처음이니까 그런 건가 했지만 꾸준히 초심을 잃지 않은 자기들만의 원칙을 고수하며 고정고객을 늘려갔다. 오전 일찍 재료준비부터 시작해서 밤 늦게 11시가 넘어야 배달이 끝나고 가게를 정리하면 새벽 1시나 되어야 일을 마친다. 주말이면 더욱 바빠져 몸은 고됐다. 가족 모두 서로 각자 위치를 맡아 2년을 그렇게 쉴 틈도 없이 일했다.

가게를 차리는데 집을 담보로 대출을 8천만 원 받아 가게 인테리어 비용을 치렀다. 2년 6개월이 지나자 그동안 생활을 하고 돈을 모아 대출금을 모두 갚을 수 있었다. A는 돈을 많이 벌었다기보다는 쓸 시간이 없어서 모을 수 있었다고 할 정도다. 그런데 더 이상은 가게를 하기가 힘들다며 싼 가격으로 가게를 내놓았다. 오랜 시간 서서 일을 했기 때문에 몸이 많이 힘들고 더 이상 운영을 못하겠다는 결론에 이르렀다. 가게가 금방 나가지 않아 시설비는 30%를 받는 걸로 마무리했다.

A는 1억 정도를 벌었다. 요즘 같은 불경기에 프랜차이즈로 손해 없이 나왔다는 데 위안을 삼았다. 가게를 정리하고 각자 예전 일자리로 돌아갔다. 2년 반 동안 고생은 했지만 그 돈을 종잣돈 삼아 준비할 예정이다.

B는 30년차 직장인이다. 30년 동안 세 군데의 직장을 거치는 동안 대리에서 부장으로 지금은 중소기업의 부사장이다. 부인도 작은 가게를 운영하며 생활비와 경조사비를 감당하는 정도다. 아들 하나를 두었는데 대학 보내고 장가보내는 동안 그들에게는 집과 가게가 전부이다. 그래도 그 흔한 명품가방, 해외여행 한 번 안가고 알뜰살뜰 모은 덕에 몇 천만 원은 갖고 있는 상황이었다. 그 동안 주변에서 누가 부동산으로 어떻게 돈을 벌었다는 얘기를 듣곤 했지만 투자를 해야 한다면 돈도 많이 들 것 같고 또 마땅한 정보를 들을 만한 곳도 여의치 않았다. 직장을 다니고 시간적으로도 빠듯한 생활은 남에게 돈 빌리지 않고 살아가는 것도 다행이라며 위안을 삼고 살아왔다.

이 부부는 최근 30평형대 브랜드 아파트를 매입했다. 처음에는 이 정도 수준의 아파트를 이 가격에 매입할 수 있다는 것에 놀랐고 높지 않은 전세가에도 놀랐다. 보유하고 있던 2천만 원과 퇴직금의 일부인 3천만 원을 앞당겨 받아 33평 아파트를 매입했다.

B의 경우는 집을 사려는 생각이 없을 때에는 자금이 없다고 생각하고

있었지만 사야겠다는 마음을 굳힌 다음 필요한 돈이 구해진 경우이다. 퇴직금의 일부가 종잣돈이 된 경우로 사실 주위를 돌아보면 예상치 못한 적은 금액으로 투자가 가능한 곳과 생각지 못한 곳으로부터 돈이 구해지는 경우도 있다. 다만 연금을 가용할 경우, 연금의 수익률이라든가 본인들의 노후 계획과 관련한 것들을 참고하여 비교한 후 판단하도록 한다.

얼마나 아껴야 돈을 모을 수 있을까? 고정비용을 줄이자

C는 20대 중후반으로 인천공항에 직장을 둔 청년이다. 작년에 그를 만났는데 키도 크고 얼굴도 잘생긴 호감형으로 원룸을 구하고 있었다. 나는 몇 군데를 그와 함께 봤는데 아직도 그의 하얀 운동화가 눈에 선하다. 생긴 것답지 않게 그는 꼼꼼히 이것저것을 살폈는데 한 달에 몇천 원 들어가는 전기비를 아끼려면 해가 잘 드는 곳이었으면 좋겠다는 것이다. 추운 겨울에도 도시가스비를 절약하기 위해 난방도 겨우 며칠만 틀 정도라고 했다. 수입이 고정돼 있는 직장인들의 경우는 돈을 모으기 위해서는 고정지출을 아끼는 것이 최선일 테지만 시간이 갈수록 물가는 올라가기 때문에 많은 급여가 오르지 않는 한 점점 더 허리띠를 졸라매야 돈을 모을 수 있다. 전기료나 난방비로 지출을 아낀다는 것은 참 어려운 일이다. 물론 그것도 선택의 여지가 없을 때는 최선의 방법이다.

몇 달 전 입주한 K양의 경우 동생과 함께 살 투룸 월세를 구했다. 투룸 월세는 보증금 1천만 원에 75만 원이다. 나는 그 집을 임대인에게 얘기해서 1억 1천만 원의 전세를 놓아달라고 했고 전세대출에 동의해서 전세를 놓았다. K는 갖고 있던 1천만 원과 나머지 1천만 원은 가족들과 함께 붓던 곗돈으로 해결하여 8천 8백을 대출로 받았다. 한 달 이자는 22만 원이다. K는 한 달에 53만 원을 아끼는 셈이다. 전세 기간은 대부분 2년인데 이렇게 2년이 지났을 때 1,272만 원이 모인다. 한 달에 저금할 수 있는 돈을 생각해보니 1년이나 2년짜리 적금을 같이 시작하면 2천만 원에서 3천만 원까지 모을 수 있는 상황이다.

위의 경우 전체 보증금의 80%까지 나와서 월세를 사는 비용의 절반 이상을 줄일 수 있었다. 원룸이나 오피스텔 전세의 경우도 전세자금 대출을 이용하면 훨씬 이득이다. 이렇게 절감된 비용으로 모두 종잣돈을 모으는데 주력해야 한다.

종잣돈은 만드는 것이다. 종잣돈을 만든다는 것은 투자에 있어서 나의 무기를 만드는 일이다. 막연히 돈이 모이면 투자를 하겠다는 생각은 별 도움이 되지 않는다. 전략이 필요하다.

1년이든 3년이든 계획을 세우고 돈을 모은다. 월급이 정해진 직장인들의 경우는 저축을 많이 하며 절약하며 일정 기간 동안 돈을 모으기도 한다. 오랜 직장생활을 한 경우는 꼭 은퇴 후에 은퇴자금을 받기보다는 미리 앞당겨 받아 종잣돈을 삼을 수 있다. 장사를 하는 것도 방법이다. 일정 기간을 목표로 수익을 보고 종잣돈을 만들 수 있다. 사업을 하는 사람들의 경우는 창업자 대출이나 사업자 대출이 가능한지 알아본다.

부동산 불패법칙 22

종잣돈, 모으지만 말고 만들어라!

종잣돈을 모아야 한다는 생각에 돈을 모으기만 하다 시간을 보내는 경우가 많다.

시간이 지나면 부동산의 가치는 올라간다.

투자하려는 부동산에 자금이 얼마나 들어가는지 알아본 후 가용할 수 있는 자금이 있는지 알아본다. 시간이 돈이다.

종잣돈도 투자해가며 키울 수 있다.

07

초보자에게 필요한 투자 기본기 5가지

해보지 않고는 당신이 무엇을 해낼 수 있는지 알 수가 없다.
– 아담 프랭클린Adam Franklin

투자 초보자에게 필요한 기본기가 있다

투자를 한다는 것이 처음에는 막연하다. 무엇에 투자해야 할지 얼마가 필요할지 막막하다. 누구에게나 처음은 있고 걱정이 많다. 내가 그랬던 것처럼 말이다. 나는 그렇게 망설이다가 많은 시간을 보냈다. 직접 중개업을 하면서 기본적인 것만 조금 더 알았었더라면 좀 더 일찍 입문할 수 있었을 텐데 하는 아쉬움이 많았다.

안다는 것이 얼마나 중요한 일인지 깨달으며 부동산 과정을 생각하게 되었다. 나처럼 막연한 초보 투자자들에게 다음 몇 가지를 소개하고자 한다. 투자를 시작할 때 이러한 점을 준비한다면 자신 있는 투자가 가능해진다. 이를 5가지로 요약해보았다.

　첫째, 부동산 공부가 시작이다.

　물론 투자라는 생각을 하기 이전부터 무언가 자기가 관심 있는 분야가 있을 것이다. 특히 그러한 부분부터 시작해서 부동산에 관한 기본적인 공부를 해야 한다. 나 또한 오래 전부터 땅에 관심이 있었지만 등기부등본조차 볼 줄 몰랐다. 가끔 집을 매매하거나 임대를 할 때에도 중개사로부터 설명을 듣는 것으로 만족할 수밖에 없었다. 어렵게 보였지만 물어본다는 것도 쉽지 않았다. 공부를 할 때는 부동산의 종류, 등기 보는 법. 투자 전에 수익률 산출하는 법과 부동산 취득 후, 양도 후 내야 하는 세금, 보유하면서 내게 되는 세금 등 간략한 기본법은 공부해야 한다. 특히 경제학은 부동산을 하는 데 필수적인 과목이다. 투자를 하기 위해 깊게는 아니더라도 기본적인 것들은 알아두어야 한다.

　내가 중개사가 되기 전 아파트를 매매했는데 세금을 잘 몰라서 재산세를 무는 경우가 있었다. 조금만 신경을 쓰고 공부를 한다면 이런 일은 당하지 않는다. 공부를 하면서 자기에게 맞는 투자 가능한 물건을 생각하게 된다. 당장 투자할 것이 아니라도 부동산에 관련된 것들을 공부하게 되면 전반적으로 시야가 넓어진다.

　둘째, 수익의 목표를 정한다.

막연한 기대와 목표는 다르다. 목표는 수익을 이루어 가는 과정을 견디게 하는 힘이다. 부동산 투자를 통해서 얼마를 벌고 싶은지 정한다. 부동산의 특성상 다른 투자 상품에 비해서 투자 회수 기간이 긴 편이다. 2~3년, 4~5년, 10년, 20년 이상 등 단기에서 장기적인 목표까지 일단 잡아본다. 내가 생각하기에는 목표는 클수록 좋다. 일단 장기적이고 큰 목표를 먼저 잡고 다시 세부적인 목표를 잡아간다. 처음에는 별다른 생각 없이 투자금에 맞추어 투자를 했다. 그런데 어느 순간 부동산을 통해서 얼마를 벌어야겠다던가, 어떠한 물건을 갖고 싶다고 생각한 순간 그에 걸맞은 관련 부동산 물건이나 정보가 들어왔다. 관심을 두면 둔만큼 그에 관한 정보가 들어오고 그것을 이룰 수 있도록 나아간다. 목표를 크게 잡을수록 큰 기회가 올 확률이 높아진다.

셋째, 투자금은 만든다.

투자금을 만드는 방법은 각자의 상황에 따라 다르다. 투자금을 마련해야 하는 경우는 처음부터 1년이든 3년이든 목표 금액을 정해 놓고 저축을 하는 것도 좋다. 일단 어느 정도 모이기 전까지는 돈을 모으는데 전력을 다해야 한다. 나의 고객 중에는 직장생활을 30년 정도 하신 분이 계셨는데 그 분은 은퇴 전이셨다. 대부분 노후자금으로 쓰거나 은퇴 후에 사업자금으로 쓰려고 대부분 은퇴 후에 은퇴자금을 받는다. 그분은 얼마 전 주택 구입을 하면서 은퇴 중간 정산을 받아서 투자를 했다.

나의 경우는 부동산을 차리면서 사업자 대출을 받았다. 대출을 받아 창업에 들어가는 자금을 최소한으로 하여 투자금으로 사용하였다. 얼마 전 주택을 하나 더 구입하려는 분은 집을 한 채 갖고 계셨는데 자신이 거주하는 집을 통해서 대출을 받아 저렴한 주택을 하나 더 매입하려는 계획을 갖고 있다. 이렇듯 자신의 상황에 맞게 자금 마련하는 방법은 여러 가지다.

내 집 마련을 하면서 대출을 이용하는 경우는 좀 빠듯하더라도 원금과 함께 갚아나가는 것을 추천한다. 다만 대출을 이용하는 경우는 반드시 감당할 수 있는 정도에서 이용하도록 한다.

돈을 모으고 투자를 하겠다는 생각은 명확한 금액과 기간이 정해져 있어야 가능하다. 그렇지 않고 막연히 돈이 있어야 투자를 한다든가 돈을 모으고 해야겠다고 생각하는 것은 투자를 안 하겠다는 것과 다름없다.

넷째, 자기 자본을 최소화한다.

초보자들의 경우는 자금을 적게 들이고 레버리지를 일으킨다. 그러면 수익률이 높아지고 자기 자금이 적게 들어가면 부담이 덜하다. 이렇게 하나씩 성공을 하다보면 자신감도 붙는다. 이자가 부담되지 않는 선에서 자기 돈은 적게 들이고 투자하여 이익을 본 후 부동산 가격이 큰 곳으로 투자금을 늘려가본다.

다섯째, 타이밍을 잡는다.

첫 번째 과정인 부동산 공부를 하다보면 기본적인 부동산의 흐름을 알 수 있다. 그러나 이론대로 딱 들어맞는 것은 아니다. 지역이나 상황에 따라 다르기 때문에 이러한 감을 잡으려면 투자하고자 하는 지역과 물건을 생각한 다음 지난 몇 년 동안의 자료를 분석하고 현재와 미래를 예측해 본다. 자료는 인터넷을 통해서 얼마든지 구할 수 있다. 이를 토대로 인구 유입 상황과 관심 물건의 공급량도 함께 본다. 파악이 되면 어느 시기에 얼마의 가격으로 들어갈지 생각해볼 수 있다. 이 때 가장 중요한 것이 수익률이다. 부동산의 큰 흐름은 7년 주기에서 10년 또는 이보다 좀 더 빠르거나 늦어지기도 한다. 주식이나 비트코인처럼 빠른 변동성을 갖지도 않는다. 나의 경우, 지나치게 세부적인 계획은 오히려 조바심을 갖게 되기도 했다. 공부를 해가면서 투자 방향을 잡고 시간을 두고 지켜보며 자금 회수 기간을 조정해가는 것이 좋다. 부동산이 수익화하기는 긴 편이지만 매수 시점과 매도 시점을 보는 시기에는 매일 주의 깊게 지켜보아야 한다. 이때는 그 지역의 공인중개사와 적극 협력하여 타이밍을 잡는다.

초보자들에게 상가 임차와 투자는 특히 조심해야 할 부동산이다

며칠 전에는 젊은 부부가 집을 구하러 왔다. 프랜차이즈 음식점을 차리고 부근에 집을 구하러 오는 경우였다. 얘기를 듣다 보니 상가를 구해야 하는데 임대료가 너무 비싸다며 걱정을 하는 것이다. 그러면서도 입지가 좋은 곳이니 그럴 수밖에 없다는 식이었다. 얘기를 듣다 보니 그들이 말하는 곳은 새로 분양하는 곳으로 입지는 좋으나 임차료가 비싼 곳이었다.

상가를 임차해서 들어가거나 분양을 받을 때는 특히 신중해야 한다. 상가는 분양을 먼저 하고 임대를 맞추는 경우도 있고 임대를 먼저 맞추고 분양을 하기도 하는데 임차인이 구해진 상가는 분양이 잘되기 때문에 처음 들어가는 곳에는 '렌트프리'라고 해서 몇 개월 동안 임차료를 내지 않고 쓸 수 있다. 비싼 임대료를 지불해야 하는 임차인의 부담을 줄이고 자리 잡는데 걸리는 시간을 주는 것인데 그 대신 임차료를 조금 더 비싸게 정하여 계약을 치르는 경우가 있다. 간혹 잘 모르는 임차인들은 6개월이나 1년 기간의 무상임차를 조건으로 계약을 했다가 이러지도 저러지도 못하는 경우가 있다. 상가를 임차하거나 분양 받을 때는 신뢰할 수 있는 전문가와 반드시 상의 하도록 한다.

초보자일수록 기본적인 5가지를 지켜서 투자를 하도록 한다. 첫째, 투자하려는 부동산의 기본적인 취득과 양도과정을 미리 공부한다. 둘째, 부동산으로 수익을 보기 위한 단기적 장기적 목표 수익률을 잡아 본다. 셋째, 투자금은 종잣돈과 그 이외의 이용할 수 있는 자금을 생각해 본다.

넷째, 자금을 최소화하고 다섯째, 전문가와 협의하여 투자 타이밍을 잡는다. 특히 상가 투자 시에는 반드시 전문가의 도움을 받도록 한다.

부동산 불패법칙 23

투자를 하려면 기본기부터 다져라!

투자하려는 물건의 정보를 정확히 파악하기 위한 등기법, 취득하고 난 뒤 양도 후 관련한 세법, 매수와 매도 타이밍을 잡기 위한 부동산의 흐름과 수익률 계산은 필수적인 공부라 할 수 있다.

08

부자가 되려면 1%의 용기가 필요하다

아예 하지 않는 것보다는 늦게나마 하는 것이 낫다.
- 격언

복잡할수록 단순한 사고와 행동이 필요하다

우리가 살아가면서 만나는 사람들이나 일어나는 일들은 어찌 보면 복잡하게 얽혀 있고 또 다른 많은 일들을 만들어낸다. 그런데 사실 알고 보면 결국엔 간단하기도 하다. 알고 있는 것, 모르는 것, 중요한 것, 중요하지 않은 것, 좋은 것, 좋지 않은 것, 복잡할수록 간단하게 생각하려고 노력하고 어려울수록 원칙으로 돌아가면 때로는 버거웠던 일들도 한결 쉬워진다. 마치 컴퓨터의 원리처럼 말이다. 컴퓨터 프로그램은 0과 1로써 모든 것을 표현한다. 많은 양의 데이터들을 다루고 있지만 모든 시작은 0과 1이다. 복잡할 것 같은 우리의 삶을 0과 1로써 표현한다면 어떨까?

자본주의 시대에 한 경제학자는 0은 없는 것, 1은 있는 것 즉, 소유하고 있느냐 그렇지 않느냐로 표현하며 갖지 못한 자는 가진 자에 비해 선택의 자유를 박탈당할 수밖에 없다고 말한다. 어쩐지 서글픈 생각이 든다. 반드시 가져야 행복한 것은 아니지만 갖지 못해서 불편한 선택을 하게 되는 것은 사실이다.

이와는 반대로 간단한 수 사이의 작은 수들이 의미를 가질 때도 있다. 중학교 때 수학과정에 처음 0과 1사이에 무수히 많은 수가 있음을 배웠다. 그리고 우리가 알고 있던 수로 표현할 수 없는 길이와 양이 있음도 알게 됐다. 수 0과 1을 들여다보면 그 사이에 무수한 수가 있지만 단순히 0과 1로 표현될 뿐이다. 간단하게 표현하지만 사실 그 사이에는 많은 수들이 있다. 이러한 사이의 무수한 수를 인정하고 다음을 한번 보자.

$$1.01^{365} = 37.8$$
$$0.99^{365} = 0.03$$

언젠가 프로그래밍에 관심을 가진 한 작가가 올려놓은 표현을 보면서 공감한 내용이다.

정신적인 것이든 육체적인 것이든 우리는 끊임없이 변화한다. 우리가 알아채지 못할 뿐이다. 이 변화를 나아지는 방향으로 선택하여 주의를 둔다면 긍정적인 방향으로 갈 것이다. 그것이 1%가 되더라도 1년, 2년, 3년 쌓아간다면 확실히 변화된 자신을 만나게 될 것이다.

원하는 것에 관심을 두고 매일 1%의 노력을 한다면 좀 더 원하는 곳으로 갈 것이고 원치 않는 것들은 내버려둔다면 자연스럽게 소멸되어 갈 것이다.

원하는 것을 구한다면 방법은 생긴다. 부자가 되겠다고 생각하라

1년 전 소형 아파트에 전세를 들어온 한 청년이 있었다. 직장 때문에 이곳으로 이사를 오게 되었다. 1년 전까지만 하더라도 그냥 생각 없이 들어왔는데 살다 보니 직장과도 가깝고 편의시설도 계속 들어서는 데다 점점 사람들이 들어오는 것이 느껴졌다. 아직 인구가 유입되는 중이라 새로 입주하는 아파트나 기존의 아파트 가격이 조정을 받아 떨어진 상황이었다.

그가 가진 돈은 전세로 들어가 있고 지금은 자금이 여유롭지 않은 상태였다. 집값이 내려가자 집을 하나 매입해야겠다는 생각으로 문의를 해왔다. 그는 현재 무주택자라서 담보 대출을 70%까지 받을 수 있었다. 최근에 조정 받은 집 중에서도 급매는 다른 것보다 1천만 원에서 2천만 원 정도 저렴하다. 이 정도면 집을 마련할 수 있는 아주 좋은 기회이다. 여기에 전세를 맞추고 필요자금은 담보 대출을 받는다면 부담은 훨씬 줄어든다.

청년은 이번 기회에 집을 구입하고 싶었다. 비록 당장 들어가 살 수는 없지만 일단 가격이 좋을 때 사두고 2년 뒤에 그때 가서 상황을 보려는 생각이다. 때마침 로얄층에 좋은 곳이 나와 있었기에 더욱 마음이 당겼다. 대신 세를 맞추어야 하기 때문에 시기를 잡기가 애매했다. 청년의 바람이 닿았을까? 다행히 매수인 측의 부동산과 협의하여 전세에 맞추는 여유를 주기로 하고 계약을 했다. 집을 계약하고 수리에 들어갔다. 세탁실에 페인트도 칠하고 깨끗이 도배를 하고 입주 청소까지 해놓으면 세가 잘 나간다. 얼마 후 전세를 보는 손님이 와서 전세도 맞추고 그는 자신의 집을 갖게 되었다.

보통은 처음 집을 살 때는 자기가 살기 위한 집을 구하면서 사는 경우가 대부분이다. 그러나 전세로 살거나 월세를 살면서 집을 구입하기도 한다. 또 예전처럼 집을 꼭 살기 위해 마련한다는 생각보다는 투자를 목적으로 하기도 해서 자가가 아니더라도 집을 소유하는 일은 비일비재하다.

청년이 자기 집을 갖고 싶다는 생각조차 하지 않았다면 그에게 이러한 일은 생기지 않았을 것이다. 집을 갖고 싶다는 생각을 하면서 주위의 이야기에 관심을 기울이게 되었을 것이다. 이미 그는 집을 갖기 위한 자금을 조금씩 모으고 있었지만 구입하기에는 턱없이 모자라는 금액이었다.

그러다 급매가 나온 것을 보고 어떻게 해야 하는지 방법을 생각하게 되었다. 그러던 중 우연히 급급매의 가격이 나오게 되었고 청년은 자신이 가진 금액으로 집을 갖게 되었다. 물론 대출은 받았다. 그가 만약 대출을 받고 갚아야 하는 이자에 대한 부담, 전세를 맞추어야 한다는 부담을 생각하고 주저했다면 그는 집을 갖지 못했을 것이다. 그러나 작은 용기가 그가 원하던 집을 소유하게끔 했다. 가끔 이렇게 좋은 가격으로 부동산을 갖게 되는 경우를 볼 때마다 '부동산의 주인은 따로 있구나.'하고 생각하게 된다.

가끔 집을 매입하러 오는 사람들 중에는 기본 지식이 부족하거나 감이 없어서 결정이 쉽지 않은 경우가 있다. 얼마 전 부동산에 다녀간 여자 분이었는데 집을 사고 싶어했다. 여러 군데의 집을 보고 그중 가장 마음에 드는 곳으로 결정을 했다. 가격적인 면이나 브랜드 면에서 아주 마음에 들어했다. 그런데 돌아가고 주변인들의 이러저러한 말에 흔들리기 시작했다. 나중에는 당장 들어갈 수 없는데 세가 안 나갈까봐 걱정하는 것이다. 세만 나간다면 사고 싶다고 했다. 나는 그 고객의 경우 금전적인 부분에서 여유로웠기 때문에 가격을 조금 조정해줄 수 있으면 그리 걱정할 일은 아니라고 했다.

하루가 지나고 다시 전화가 왔다. 주변인이 하나하나 말을 할 때마다 이것이 맞냐는 둥 하며 일일이 확인했다. 모든 것이 갖추어지고 누구나 다 알만한 것이라면 가격이 그렇게까지 저렴할 수는 없다고 답해주고 마음이 불편한 거래는 하지 말라고 했다. 2주가 지나고 그 여자 분은 역과 떨어진 주택가가 아닌 곳에 8년간 임대주택으로 있다가 분양을 받는 곳의 조합아파트를 선택을 했다. 차라리 여유를 두는 것이 좋겠다는 생각에서이다.

그리고 그녀가 처음 마음에 들어했던 그곳은 며칠 뒤 세가 나갔다. 나는 그녀의 선택도 괜찮다는 생각이 들었다. 자꾸 여기저기 흔들리고 확신이 안 설 때는 한 발짝 뒤로 물러서는 편이 낫다. 괜히 확신 없는 선택을 했다가 후회하느니 마음 편히 있는 것이 나은 결정이다.

사실 용기라는 것도 그냥 생겨나는 것은 아닌 듯하다. 본인이 어느 정도의 지식이 있어야 확신을 갖게 되고 그것이 용기가 된다. 때로는 고객들 중에는 꼭 지식이 없더라도 몇 번의 투자 경험을 통해 감을 익힌 분들이 있다. 지식과 감이 함께하는 고객들은 태도나 결정이 빠르고 분명하다.

우리는 살아가면서 무수한 선택의 기로에 서게 된다. 이 세상에 부자가 되기를 바라지 않는 사람들은 없다. 그러나 알고 보면 부자들은 부자가 되는 선택을 하고 가난한 사람들은 가난할 수밖에 없는 선택을 한다.

경제학자의 말처럼 자본주의 사회에서 가진 자가 되어 선택의 폭을 넓히기 위해서 우리는 부자가 되는 선택을 해야 한다. 부자가 되겠다는 생각을 하고 부자가 되는 데는 꾸준한 1%의 용기가 필요할 뿐이다.

부동산 불패법칙 24

부자가 되기로 선택하라!

복잡할수록 단순하게 사고하는 습관이 필요하다.

항상 원하는 것을 우선순위에 둔다면 방법은 따라오게 된다.

처음부터 100%가 아닌 1%만으로도 가능하다.

매일매일 조금씩 나아진다면 1년 후, 3년 후에는 상당히 변화된 결과가 있을 것이다.

4장

절대 손해
보지 않는
아파트 투자법

01 혼자 투자하고 상처받지 마라

– 실전이 불패의 성공을 부른다

　⑥ 분양권으로 시세 차익 보기

02 거주할 아파트, 투자할 아파트

03 나만의 아파트 투자 기준을 세워라

04 입지가 좋은 곳에 위치한 아파트를 사라

– 실전이 불패의 성공을 부른다

　⑦ 단지 내 미분양 상가로 수익을 보다

05 소형 아파트로 승부를 보라

06 저평가된 아파트를 찾아라

07 아파트 현장답사 꼭꼭 체크리스트

08 아파트 투자에 레버리지를 이용하라

01

혼자 투자하고 상처받지 마라

정보의 풍요로움은 주의력 빈곤을 만들어낸다.
– 허버트 사이먼 Herbert Alexander Simon

가격이 싸더라도 입지는 중요하다

'정말 큰돈을 벌고 싶나요?'

어느 날 날아온 문자 메시지. 다른 때는 스팸으로 여기고 들여다보지도 않았을 텐데 참 친근하게 느껴질 때가 있다. 들여다보니 주식 종목을 추천해주는 곳이었다. 그렇다. 누구나 다 큰돈을 벌고 싶다. 돈을 싫어하는 사람이 있을까? 이러한 문구들이 여전히 유혹적인 것도 정말 나는 큰돈을 벌고 싶기 때문이다.

서울에 거주하는 C는 새로 입주를 시작하는 아파트를 보고 싶다며 연락을 했다.

"새 입주 아파트는 볼 수 있는 시간이 정해져 있는데 빠듯한 시간이라 다음 날 시간을 잡는 것이 좋겠습니다."
"아뇨, 하나라도 보고 싶습니다. 최대한 빨리 갈게요."

이 지역에 대해 인터넷으로만 정보를 보고 몇 번 다녀갔는데 너무 마음에 들어 실거주로 마음을 굳힌 상태다. 알고 보니 최근에 대형 평대의 다른 아파트를 계약하기 직전으로 다른 평형대를 보고 의견을 구하러 온 손님이었다.

나는 지금의 시장 상황과 실거주를 생각해서 몇 개의 물건을 더 소개시켜 주었다. 사실 실거주든 투자든 내가 살기 좋은 곳이 투자로도 좋은 곳이다. 식구 수 때문에 평형대만 달라질 뿐 출퇴근 교통이나 학교 통학, 상가 부근은 기본이다. 그가 계약하려던 곳은 저렴하게 매매하고 있지만 상가나 학원이 너무 동떨어진 곳이었다. 그런데 모르는 곳에 가면 감이 떨어져서 매매를 하려는 쪽의 말만 듣다 보면 다 괜찮게 들린다. 다행히 중심 상가가 가까운 곳으로 선택을 했다.

아무리 계약 조건이 좋다 해도 기본 입지를 항상 고려해야 한다. 고객이 본 곳은 평당 가격이 저렴하지만 주변에 상가가 많이 없고 원룸촌이라 나 홀로 아파트인 격이다. 분양하는 사람들의 말만 들어서는 곤란하다. 분양광고를 보고 오더라도 반드시 인근 부동산에 들러 이야기를 들어봐야 한다. 이 지역에 오래 살아온 사람들의 의견을 들어볼 기회가 있다면 더 좋을 것이다.

위의 C가 매입을 고려했던 대형 아파트를 사신 분을 얼마 전 소개로 알게 되었다. 그분도 서울에 사시는 분이셨는데 지인의 소개로 이 지역에 이미 여러 채의 부동산을 투자해놓은 상태다. 본인이 직접 거주하실 거냐고 여쭈니 그것은 아니고 투자라고 했다. 세를 놓아야 하는데 세가 잘 나갈지 어떨지 의견을 물어보신다. 나는 이미 결정을 하신 터라 달리 드릴 말씀이 없어서 시간이 좀 걸릴 수 있다고 조심스럽게 의견을 건넸다.

물론 4년~5년을 바라보고 실거주를 생각한다면 몰라도 한두 번 정도 세를 놓을 정도면 세를 맞출 것을 고려해야 한다.

전화나 광고만으로 투자를 한다고? 임장은 기본이다

전화로 분양을 받는 경우가 있다. 보통 TM이라고 하는데 이런 경우 서울 쪽에서는 인터넷으로 정보를 보고 가격이 좋으니 보지도 않고 계약이 나오는 경우도 많다. 나는 부동산에 오는 손님들에게 자금상황에 맞는 물건을 추천해준다. 실입주가 아닌 세를 맞추어야 하는 투자는 특별히 더 신경을 쓰게 된다.

며칠 전 받은 전화는 서울에서 전화로 하는 분양을 받은 경우로 세를 맞추는 기간이 얼마 남지 않은 경우이다.

"몇 개월 전 분양을 받았습니다. 세를 잔금일까지 맞추지 않으면 연체 이자가 나오니 부탁을 드립니다."
"잔금일이 언제이신지요?"
"3주 정도 남았습니다. 기간이 좀 지나도 어차피 맞추어야 하니 신경 좀 써주시면 감사하겠습니다."

위의 고객은 투자로서 준공공임대사업자로 등록을 하고 1억 원을 대출 받고 전세를 1억 7천만 원으로 맞추면서 매입을 하는 갭 투자의 형태다. 여기서 관건이 전세인데 특히 분양 받는 시기가 중요하다. 할인 분양하는 곳은 보통은 3개월 정도 여유를 준다. 이 시기 안에 전세를 맞추어야 한다. 기간이 지나면 받기로 한 할인 금액을 덜 받거나 연체료가 생겨서 크게는 몇 백만 원까지 내야 하는 경우가 생긴다.

다른 곳과 입주가 맞물린다면 전세금이 일시적으로 떨어지기 때문에 금액을 조금 더 여유롭게 잡는다던가 시기를 맞추어 분양을 받는 것은 아주 중요하다. 1주나 2주라도 이때는 가격이 민감하게 작용하기 때문이다. 애초에 이런 부분까지 염두에 두고 진행을 해야 무리가 없다.

아무리 좋은 정보라도 듣게 되면 현장에 직접 와 봐야 한다. 전화로 홍보를 받았거나 투자 제안을 받았다면 직접 현장에 와 보고 결정해도 늦지 않다. 생각지 못했던 것들을 세심히 챙길 수 있기도 하고 예기치 못하게 좋은 물건을 건질 수도 있다. 나름대로는 열심히 찾아보고 충분한 정보를 얻었다고 생각해도 현장에 있는 부동산을 직접 가보는 것이 제일 좋다. 주변에 누가 투자를 했다고 그냥 따라서 투자한 경우도 의외로 많다. 나중에 누구를 탓할 수도 없는 상황이다.

얼마 전 걸려온 전화가 그랬다.

"물건을 좀 내놓고 싶습니다. 제가 친구가 투자하면서 함께 투자하게 되었는데요. 집도 멀고 해서 입주할 상황은 아닙니다. 빠른 처분 좀 부탁드립니다."

분양 받은 동, 호수를 보니 선호하는 타입과 형이 아니어서 금방 처분될 것으로 보이지 않았다. 일단 광고를 띄웠지만 그 물건에 대한 전화는 없었다.

때로는 입금한 계약금만을 포기하면 된다고 생각하기도 하는데 그동안 일어난 중도금도 이미 대출이 발생한 상태이다. 그냥 간단히 생각할 일은 아니다.

이런 경우는 참으로 딱하다. 한동안 분양권이 한창 붐일 때가 있었다.

너도 나도 묻지마식 투자가 되어 하면 다 돈 된다더라 하는 식이었다. 그러나 당장 내 돈 몇 천만 원만 들어간다고 간단히 생각할 것이 아니다. 그렇기 때문에 공부도 열심히 해야 하고 신중한 결정이 필요한 일이다. 아파트를 한두 채도 아니고 여러 채 분양 받아 이도저도 못하는 경우도 있다. 자금 계획을 가지고 차선책을 생각하며 움직여야 한다.

특히나 처음 투자를 할 때는 자금이 적게 들어가는 곳이나 자금 여력을 갖고 출발할 것을 추천한다. 그러면서 하나씩 해나간다. 항상 무리한 투자는 금물이다.

혼자 투자하고 상처 받지 말자. 주변인의 말을 따라 투자를 했다가 낭패를 보는 경우가 있다. 전화로 투자 추천을 받은 경우에도 반드시 투자하기 전에 미리 현장에 가보고 서류가 필요한 사항이면 등기도 확인해보도록 한다. 투자 권유를 받았다면 자료도 찾아보고 직접 지역에 와서 살피고 전문가의 의견을 참조한 다음 신중히 결정하도록 한다. 여전히 주변에서 부동산으로 돈을 벌고 있다. 부동산 투자가 일확천금을 노리는 투기꾼들의 이야기는 아니라는 것쯤은 안다. 그렇다고 분위기에 휩쓸린 투자는 하지 말아야 한다. 반드시 전문가의 의견을 듣고 판단해야 한다.

광고에 현혹되지 말라!

요즘은 전화나 블로그 광고가 활성화되다 보니 이러한 정보를 듣고 투자가 이루어진다.

당장 몇 천만 원만 들어간다고 쉽게 결정해서는 안 된다. 내가 투자하는 금액은 계약금 몇 천만 원이 아니라 부동산 전체 가격이다.

정보는 정보일 뿐 모든 결정의 책임은 나의 몫이다.

⑥ 분양권으로 시세 차익 보기

C는 직장인이다. 그는 1년전 분양가 상한지역에 분양권을 운좋게 급매로 3천만 원을 주고 매입했다. 지금은 1억 원 정도의 프리미엄이 붙었고 입주 때까지 간다면 프리미엄은 더 올라간다.

분양가 상한지역의 아파트 분양가는 주변 시세보다 저렴하다. 분양 당시부터 프리미엄이 붙는다. 애초부터 실입주 목적이 아니라 투자의 목적으로 들어온 사람들이 있다.

처음에 분양가의 10%가 들어가고 중도금 무이자로 진행된다. 2년 정도 후 잔금시 대출을 새로 받으며 소유권을 가져오는데 투자가 목적인 경우는 입주 기간 전 매물을 내놓는다.

눈여겨두었던 곳이 있다면 신뢰할 만한 중개업소에 분양권 매입을 의뢰해 놓는다. 입주를 해도 좋지만 입주 전까지 가격이 오를 만한 분양권은 기회가 될 수 있다.

거주할 아파트, 투자할 아파트

돈이 있으면 재앙이 있다. 그러나 돈이 아주 없으면 최대의 재앙이 온다.
- 독일 속담

거주하는 곳 가까운 곳에 투자하면 정보를 얻기가 쉽다

한국인들이 가장 선호하는 주거 형태는 무엇일까? 그렇다 누구나 예상할 수 있듯이 아파트다. 아파트는 이제 주거의 기본적인 의미인 '주'를 넘어 개인의 브랜드 가치로 인식되어 진다. 그러한 인식에 따라 시간이 갈수록 고급화되어가는 추세다. 올라가는 인건비나 건축비에다 고급화 지향의 브랜드가 있는 건설사들의 분양가는 높아질 수밖에 없다. 그러한 가운데 분양가 상한제의 정부 정책으로 기존의 아파트 분양가를 넘지 않게 분양하는 아파트들이 있다. 이러한 곳은 기존의 아파트 시세보다 낮아서 청약을 넣고 당첨이 되는 것과 동시에 바로 시세 차익이 난다. 이 때문에 입지가 좋은 아파트 청약 열기는 언제나 뜨겁다.

얼마 전 아는 동생으로 부터 전화가 왔다.

"언니, 그 지역 아파트를 분양한다는데 괜찮은가요?"

"물론 괜찮지. 평당 가격대를 보고 입지조건을 따져본 다음 하도록 해."

"고마워요."

그 지역은 최근 정부가 발표한 제3기 신도시에 속한 지역이다. 서울까지의 진입 시간대와 평당 분양가를 꼼꼼히 따져 본다. 특히 무주택자들과 신혼부부들에게 좋은 기회가 된다. 분명한 이익이 보이는 곳이 투자 1순위다.

D는 2년 전 새 아파트를 분양받을 때 자가로 살 아파트와 투자용으로 한 채를 더 분양받았다. 당시 자금으로 치자면 대출을 조금만 받고 한 채를 구입할 수 있었지만 그러느니 대출을 좀 더 받더라도 한 채를 더 받아서 전세나 월세를 주기로 했다. 지금까지 남에게 빚을 진적도 없고 딱히 대출을 받아본 적이 없었고 아이들 둘이 모두 학생이라 들어가는 돈이 만만치 않아서 처음엔 망설여졌다.

그러나 부부가 둘 다 경제 활동을 하기 때문에 조금만 더 아껴 쓴다면 이자 부담은 가능할 것이라 생각이 들어서 결정을 내렸다. 얼마 전 이사를 하고 또 하나의 집의 세를 부탁하며 그녀가 한 말이다.

"전에는 '내가 살 집 하나만 있으면 되지 뭐.' 하는 생각으로 별 관심이 없었는데 하나를 더 갖게 되니 세금 문제도 그렇고 정부의 주택사업이나 부동산에 대해서 공부를 하게 되더라구요."

"맞습니다. 투자를 하게 되면서 공부가 시작된다고 하시는 분들이 많아요."

"왜 사람들이 부동산을 자꾸 사는지 알게 되었어요. 직장을 다니면서 버는 돈은 거의 생활비로 나가고 돈을 모으기 너무 힘들었거든요. 저는 급하게 생각하지 않아요. 어차피 사는 곳이니 5년 이상을 봅니다. 부동산은 결국은 제값을 하니까요. 정말 잘한 결정 같아요."

그녀의 말이 맞다. 부동산 투자를 시작한 사람들은 계속 공부를 해가며 부동산을 한다. 처음이 망설여지는 것이다. 물론 주식이나 또 다른 방법으로 많이 벌거나 단시간에 벌수도 있지만 집은 어차피 살아야 하는 것이고 전문가가 아닌 누구라도 쉽게 접근할 수 있어 무엇보다도 안정적인 자산이다. 투자라고 해서 꼭 소형 아파트나 자금이 적게 들어가는 것만을 고집할 것은 아니다. 자금의 여력에 맞추어 내가 살고 있는 곳과 가까운 곳에 투자처를 둔다면 굳이 시간을 많이 들이지 않고도 시장 상황이 잘 파악되어 관리가 쉽다.

실거주할 아파트는 타이밍을 고려하여 미리 장만한다

20년간 공무원 생활을 하다 퇴직한 H는 현재 개인사업을 하고 있다. 은퇴 후 사업을 시작했다가 재산을 거의 잃고 지금은 월세로 살고 있다. 재산은 잃었지만 워낙 성실하고 긍정적이라 사는 데 그리 힘들게 지내지는 않는다고 했다. 자세히 이야기는 안했지만 얼마 전에 1억 원의 여윳돈이 생겼는데 이를 어떻게 해야 하나 고민 중이다. 돈이 생기니 여기저기서 단기간에 투자해서 몇 천만 원을 벌 수 있는 곳이 있다는 이야기에 귀가 솔깃해지기도 한다. 그냥 갖고 있으면 흩어질 것 같기도 하고 불안한 마음이 있는 중에 적은 금액으로 집을 산 친구의 이야기를 듣고 나의 사무실로 오게 되었다. 그리고 나에게 물었다.

"집값이 더 떨어지는 것은 아닐까요?"

지금 월세를 내는 것과 담보 대출을 받고 집을 샀을 때 나가는 이자를 이야기해주었다. 물론 앞으로 이자는 조금 더 오를 수 있겠지만 물가는 이보다 더 올라갈 것이다. 그리고 지금은 할인 분양 중이어서 더 저렴한 가격으로 살 수 있는 기회였다. 아이들이 아직 학생이고 셋이나 되어서 족히 10년 이상은 이곳에서 살아야 한다. 그들은 집을 사기로 했다. 이 집은 그들 가족에게 생애 최초 주택이다.

정부는 연일 다주택자 규제 정책을 쏟아내고 있고 그것을 보는 사람들은 저렇게 되니 집값이 마냥 떨어질 것처럼 여겨지는 것도 당연하다. 그러나 앞에 말했던 이런 고민을 하는 분들은 집이 없는 경우가 대부분이다. 매년 건설되는 주택의 85%를 이미 주택이 있는 사람들이 사고 있고 15%의 무주택자만이 집을 산다는 통계가 있다. 정부가 다주택자의 보유 부담을 늘리는 정책을 펼치며 주택담보 대출을 축소하고 이자가 오를 것이라는 부담 때문에 오히려 실수요자들도 망설이는 경우가 있는데 사실은 그렇지 않다. 신규 분양하는 곳이라던가 할인 분양을 하는 곳을 잘만 찾아본다면 여러 혜택을 받으며 구입이 가능하다.

분당에 사는 L은 언니가 사는 곳에 자주 온다. 올 때마다 바다가 보이는 아파트가 너무 좋았다. 지금 당장은 들어오지 않고 늦어도 4년이나 5년 뒤 쯤에는 부부가 아예 이사를 올 예정이다. 처음에는 내부 인테리어나 구조를 얘기했지만 그 분에게 가장 중요한 것은 하나였다. 아들 중 하나는 군대에 가 있고 하나는 대학생인데 학교 근처에서 지내기 때문에 두 분이 지낼 조용하면서도 뷰가 예쁜 곳을 찾고 있었다. 나는 영구적으로 바다를 볼 수 있는 곳을 추천해주었고 시세보다 1천만 원 이상 저렴한 가격으로 아파트를 매입했다. 지금 당장이든 향후 몇 년 뒤이든 내가 거주할 곳을 찾는다면 나의 가족 상황과 선호 타입에 맞추어 보면 된다.

아이 둘을 둔 부부의 경우, 실거주할 아파트를 고르는 데 가장 염두에 두는 부분은 아이들이었다. 30평형대로 단지 내 초등학교와 수영장 등이 있고 커뮤니티 시설과 프로그램이 활성화된 곳으로 선택했다. 방과 후에는 학생들이 수영을 다니거나 발레 수업을 받고 귀가를 한다. 이곳에 사는 사람들은 아이를 둔 3~4인 가구가 많고 아이들이 중고생이 되면 이사를 하더라도 단지 안쪽 조용한 곳으로 움직인다. 이러한 곳은 한 번 입주를 하면 만족도가 높아서 어쩌다 집이 나오면 세도 잘 나간다.

거주할 아파트인지 투자할 아파트인지는 가족의 상황에 따라 달라진다. 아이들이 어린 경우는 학교와 학원이 가까운 곳이 우선이 되고 아이들이 다 커서 독립한 경우는 좀 한적하면서도 10분 안에 역을 이용할 수 있는 곳을 원한다. 신혼부부이거나 은퇴 후의 부부들은 주로 소형 아파트를 선호한다. 한국 사람들이 가장 선호하는 주택은 아파트다. 투자금이 적게 들어가는 소형 아파트는 꾸준히 인기 있을 것으로 보인다.

부동산 불패법칙 26

거주할 아파트와 투자할 아파트가 다를까?

거주할 아파트는 가족의 상황에 따라 지역과 평수가 달라진다.

살고 있는 주변에 투자하는 경우 자금에 따라 달라지지만 주로

소형 평수는 유동성이 많고 투자금이 적게 들어가는 장점이 있다.

향후 입주할 목적이라면 실거주용이 된다.

내가 살고 싶은 곳이 투자하기 좋은 곳이다.

03

나만의 아파트 투자 기준을 세워라

시도하지 않는 곳에 성공이 있었던 적은 결코 없다.
- 토마스 H. 넬슨 Thomas H. Nelson

투자하고자 하는 지역의 가구 형태를 보라

산을 깎아내어 논과 밭이던 곳의 거친 땅을 고르고 새로운 땅에 도로를 내고 공원을 만든다. 아파트가 들어오고 사람이 들어오고 학교와 학원, 병원이 들어서면서 제법 도시의 모양을 갖추어가기 시작한다. 그리고 또 새로운 아파트들이 들어서고 사람들이 들어오고 도시는 점점 더 많은 사람들로 이루어진다. 사람들이 모여드는 곳은 이곳을 사는 사람들에게는 삶의 터전이면서 이익을 보고자 하는 사람들에게는 투자의 대상이다. 누군가는 살면서 투자를 하고 누군가는 투자만 하며 누군가는 살기만 한다 어느 날 어린아이를 데리고 부동산에 들른 엄마가 있었다.

"H아파트 시세가 요즘 어떤가요?"

"기존의 시세는 유지하고 있고 매입을 원하신다면 급매는 있습니다."

"내년 봄쯤에 이사를 하려고 합니다. 다음에 이사 갈 때는 집을 사려고요. 돈도 좀 모아놓았고 아이들이 학교에 들어가면 움직이기가 쉽지 않아서요."

나는 왜 그 아파트를 사고 싶은지 물어보았다.

"이번에 새로 입주하는 아파트는 학교 배정이 좀 떨어져 위치한 곳에 있다 보니 둘 중에 이 아파트를 선택하게 되었어요. 그 아파트가 평도 좋구요."

곧 학교에 입학할 아이와 유치원을 가야 하는 두 아이를 둔 엄마는 새로 개교하는 학교 부근으로 등하교가 편리한 곳에 위치한 아파트를 원했다. 원하는 가격이 맞는 아파트가 나온다면 매입을 하겠다고 했다.

이렇게 아이들이 있는 경우는 학교를 기준으로 아파트의 선호가 분명해진다. 초등학교일수록 더 강하다. 초등학교에 들어가는 때부턴 6년 이상 한 곳에 있을 가능성이 크다. 아이들이 커가는 중학교나 고등학교는 좀 덜한 편이지만 학교와 학원가가 있는 아파트 단지는 언제나 인기가 좋다. 게다가 둘인 경우는 30평형대에 방이 3개는 있어야 하고 그중에서도 유치원이나 학교가 가까우면 선호도가 높다. 처음에는 브랜드도 1군에 속하고 새로 입주가 시작된 새 아파트를 보러왔었던 손님의 경우도 아이들 때문에 학교와 학원이 가까운 곳을 선택하는 경우도 많다.

20평형대는 아무래도 신혼부부의 선택률이 압도적으로 높다. 신혼부부들은 아이가 하나일 때까지 지내다가 둘이 되거나 아이들이 크면 30평형대로 이사를 간다. 혼자 지내는 젊은 직장인들이나 일자리 때문에 자리를 잡는 경우는 대부분 작은 평형대를 선호하는데 그들에게도 인기 있는 평형대다.

그뿐만이 아니다. 아이들이 다 크고 난 후 노후를 보내는 어르신들도 많이 찾는 편이다.

몇 해 전 20평대에서 살다 30평대로 이사를 갔던 은퇴하신 분은 딸과 사위가 있는 아파트 바로 옆으로 이사를 갔었다. 딸이 직장 때문에 이사를 나가면서 부부만 남게 되었는데 자주 오던 손주들도 멀리 이사 가고 굳이 30평대에 있을 이유가 없다며 20평대를 원했다. 관리비도 저렴하고 공원도 더 가까워서 다시 오고 싶어하셨다.

20평형대는 관리비는 30평형대와 대략 10만 원 가까이 차이가 나기 때문에 혼자 있거나 둘이 지내야 하는 경우라면 굳이 넓은 곳보다는 적은 곳이 효율적이다. 넓은 곳으로 갔다가 다시 20평형대로 오기도 한다. 때로는 직장 때문에 가족과 떨어져 지내야 하는 경우도 있다. 평일만 집에 있고 주말에는 가족이 잠깐 들르는 경우에도 작은 평수의 아파트를 선호한다.

투자용이라면 가격이 가장 우선이다

이처럼 소형 아파트는 수요가 늘 꾸준하다 보니 투자용으로 적격이다.

어느 날 광고에 올려놓은 매매 가격을 보고 전화를 걸어온 한 여성분이 방문을 했다.

"바다가 보이는 오피스텔이 1억 4천이 넘고 복층은 2억 4천만 원이어서 현장을 한번 둘러보러 왔어요. 그런데 소형 아파트 가격이 2억 선이라 왔습니다."

"세를 놓으실 건가요?"

"네, 물론이죠."

나는 그분이 광고를 보고 온 24평형 아파트를 보여주었다. 급매로 저렴하게 나와 있기 때문에 가격 면에서 아주 매력적이다. 아주 저층도 아니어서 어느 정도 일조권도 보장되어 있다. 이곳은 세입자가 있는 곳이다. 세입자가 있는 곳은 항상 미리 연락을 하고 양해를 구해야 한다. 그런데 그 날은 일이 생겨서 저녁이나 되어야 올 수 있다는 것이다. 손님은 저녁이 되면 밖의 상황을 볼 수 없어서 안타까워했다. 아쉬운 대로 내부만 보기로 했다. 저녁이라 밖의 풍경을 확인할 수 없었지만 집 상태는 매우 좋았다.

집을 보고 오면서 위치적으로 바다가 훤히 보이지 않아 아쉽다고 했다. 아파트 앞에 산이 놓여 있는데 산의 중간 자락과 바다의 끝이 만나는 곳이다. 바다가 훤히 보이는 곳의 가격은 그렇지 않은 곳과 약 2천만 원 정도 차이가 난다. 원한다면 가격이 좀 더 나가더라도 좋은 곳으로 하고 싶다는 것이다. 이번에 사놓으면 나중에 본인이 들어와 살 수도 있지 않느냐는 것이다.

사람들의 마음은 다 같다. 내가 살 때는 싸면서도 좋은 집을 원한다. 가격은 그러한 모든 것을 포함하고 있는 것이다. 만약 투자용으로 생각하고 마음을 먹었다면 가격을 최우선으로 생각해야 한다.

때로는 세를 놓을 생각으로 왔다가 나중에 들어와 살 수 있는 상황이 생길 수도 있다며 더 좋은 것을 원하는 손님이 있다. 그렇다면 가격을 더 지불해야 한다.

간혹 손님 중에는 처음에 생각해 두었던 투자용을 잊고 둘 다 욕심내기 때문에 결정을 내리지 못하는 경우가 있다.

"세를 놓을 것인지, 당분간 세를 놓다가 나중에 사실 것인지 한번 생각해 보세요."

"다음번에 낮에 와서 밖의 상황을 보고 싶네요. 다시 올게요. 날이 화창한 날에 미리 사진이라도 보내주세요."

"가격은 괜찮으시겠어요?"

"기존에 갖고 있는 작은 빌라를 정리할 생각이에요. 그것이 정리된다면 2천만 원 정도 더 나가더라도 괜찮을 것 같아요."

손님을 보내고 생각해보았다. 사실 임차인의 입장에서 뷰는 덤이다. 뷰가 좋으면 좋겠지만 가장 좋은 것은 임대료가 싼 것이다. 이를 다시 투자의 입장에서 본다면 물건을 싸게 매입하는 것이 더 중요할 수 있다. 가격을 싸게 산다면 세를 싸게 놓을 수 있고 아무래도 세가 싸면 임대도 잘 나간다.

나만의 아파트 투자 기준을 세워야 한다. 내가 살면서 시세 차익을 볼 것인지, 세를 놓아 수익형으로 할 것인지 말이다. 살면서 투자를 하는 경우라면 향후 몇 년간 거주할 예정이고 가격의 예상을 어느 정도 볼 것인지 미리 생각해본다. 그리고 다른 지역에 있는 곳의 아파트를 투자로 생각하는 경우는 더욱 유의해야 할 점이 있다. 투자의 목적은 돈을 버는 것이다. 생각했던 자금보다 더 들어가는 경우가 생긴다면 본래의 목적은 상실된다. 자금에 따라 월세를 받는 수익형으로 갈 것인지, 살면서 시세 차익을 볼 것인지 미리 결정을 하고 방향을 잡는다.

살면서 시세 차익을 볼 것인지 임대를 놓을 것인지 기준을 잡아라!

임대만 하며 시세 차익을 볼 아파트는 가장 우선적으로 생각할 것이 가격이다.

향후 거주할 의사가 있다면 투자용보다는 가격이 좀 있더라도 좋다.

두 마리 토끼를 둘 다 놓치지 않으려면 기준이 필요하다.

04

입지가 좋은 곳에 위치한 아파트를 사라

너의 한계성에 도전해 싸우라. 그러면 분명히 그것들은 네 능력안에 들어있을 것이다.
- 리처드 바크 Richard Bach

나 홀로 아파트, 브랜드라도 투자로는 곤란하다

아파트가 가장 선호되는 주택인 이유는 생활이 편리하기 때문이다. 아파트에 살 때는 그냥 당연하게 여겨지던 것들이 지나고 보니 더욱 편리했음을 알게 되었다. 나는 기존에 살던 집과 따로 소유하고 있던 집을 정리하면서 아이들 학교와의 거리 문제로 2년간 주택에 살게 되었다.

처음에는 별로 크게 모르고 지냈는데 시간이 갈수록 하나둘 불편한 점이 생겼다. 사소한 것 같지만 그동안 편리하게 사용해왔었던 쓰레기 분리 문제도 그렇고 방범이라든가 기타 여러 가지 불편한 점들을 생각하니 한국인들이 왜 아파트를 선호하는지 알 것 같다.

그래서인지 주택 중 가장 인기 있는 것이 바로 아파트이다. 그중에서도 생활이 편리한 곳은 시간이 갈수록 가치를 더해가지만 그렇지 않은 곳은 반대의 경우가 되기도 한다. 얼마 전 대형 평수의 아파트를 샀던 분이 그러한 경우이다.

"산이 좋아서 그곳에 얻었는데 가게도 멀고 좀 불편하더라구요. 집이 넓고 공기가 좋으니 건강을 위하는 분들이나 은퇴 후에 자리를 잡으실 분들은 좋을 것 같아요."

그곳은 이름 있는 아파트로 자재도 고급이고 산 바로 아래에 있어서 공기도 좋다. 그분이 그곳의 아파트를 산 것은 브랜드에 비해서 저렴한 가격이 큰 장점이었기 때문이다. 그러나 아쉬운 것은 중심상가와 멀리 떨어져 있다는 것이다. 누군가에게는 상가와의 거리가 있는 것이 불편한 정도이지만 사실 이 지역에 많이 들어오는 사람들의 입장에서 보면 몇 가지 더 아쉬운 점들이 있는 곳이다.

일단 이 지역은 공항과 관련한 직업을 가진 사람들이 들어온다. 공항은 특성상 3교대로 근무하기 때문에 주로 혼자 지내는 사람들의 비중도 높은 편이다. 이곳에 가족과 함께 들어오는 분들은 초등학교 입학 전이나 더 어린 유아일 때 들어와 자리를 잡는다. 이미 아이들이 자라서 학교에 다니고 있는 경우는 전학이 쉽지 않다. 가족들은 기존에 있던 곳에 있고 일단 직장을 다니는 분들만 들어오는 경우가 많다. 그렇다 보니 공기가 좋은 대형 평수보다는 적은 평수의 아파트나 식구가 여럿이면 중형 평수로 학교나 학원이 가까운 곳을 선호한다.

그분이 살고 있는 곳은 직장과의 거리로 따지면 그리 먼 편은 아니다. 단지가 대부분 대형평수 위주인 곳이다. 30평대도 있긴 하지만 주로 45평 이상이 주를 이룬다. 주변에 초등학교가 하나 있지만 학원을 이용하려면 차로 10분을 나와야 해서 전세로 들어가려는 세입자들에게는 인기가 덜하고 수요층이 넓지 않다.

그분의 투자는 IMF부터 시작되었다. 그때는 워낙 경기가 불안했기 때문에 아파트를 샀다가 몇 달 만에 팔곤 했다고 한다. 그 후로도 여러 번 새로 분양하는 아파트를 사서 수개월 내로 팔기를 반복했다. 물론 지금은 예전처럼 그렇게 단기간 투자하기는 힘들다. 여하튼 그렇게 가격을 위주로 매입을 하게 되다 보니 가끔은 입지를 놓치는 경우가 생긴다. 본인이 직접 들어가 살면서 2년을 살았고 이제는 매도를 하는데 아무래도 산 가격보다 낮은 가격으로 결정을 하게 되었다.

입지가 좋은 곳은 시간이 지날수록 가치를 더해간다.

부동산을 선택할 때는 반드시 입지가 중요하다. 입지가 좋은 곳은 처음부터 가격이 다른 곳보다 높더라도 제값을 한다. 특히 교통의 입지는 가장 중요한 요소 중 하나이다. 지역적으로는 일시적으로 공급량이 많아져서 가격이 조정을 받는 경우가 있지만 그것이 해결되면 다시 제 가격을 찾아간다. 어느 지역을 막론하고 지하철이나 버스의 대중교통이 잘되어 있는 곳은 인기가 좋다. 서울이나 수도권의 경우 늘 수요가 풍부한 이유는 어디서든 편리한 교통을 이용해 직장에 출퇴근을 하고 교육과 문화생활을 누릴 수 있기 때문이다.

지방의 경우에는 특히 일자리가 많은 곳 주변의 아파트가 세도 잘 나가서 투자로서는 적격이다. 새로운 일자리가 생기는 곳에 사람들이 몰릴 것이고 일자리 주변의 아파트는 항상 세가 잘 나간다. 그런데다 중심상가가 갖추어져 있다면 더 없이 좋은 조건이다.

다만 너무 오래된 곳은 피한다. 만약 일자리 주변에 개발이 진행되어 새로운 아파트들이 들어서는 곳이 있다면 그곳을 선택한다. 새로운 일자리를 찾아 들어오는 사람들이 처음부터 집을 사는 경우는 드물고 임차로 들어온다. 직장에서의 거리가 별로 멀지 않다면 예전에 지어진 것보다는 아무래도 신축된 곳으로 가기 마련이다. 임차를 맞추기가 수월한 곳으로 투자하는 것은 당연하다.

최근에 입주를 시작한 아파트들을 보면 상권의 입지 또한 중요함을 알 수 있다. 석 달째 입주를 하고 있는 아파트는 두 군데다. 두 곳 모두 역으로부터는 거리가 있다. 차로 움직이지 않으면 세 정거장을 가야 한다. 한 곳은 중심 상가 부근에 있고 한 곳은 아직까지 주변에 상가가 형성되지 않은 곳이다.

처음 입주가 시작될 때부터 등기를 치기 전에 다시 새로운 매수자에게 물건을 매매하기도 하고 전세나 월세를 맞추기도 한다. 상가가 형성되어 있지 않은 곳은 보러왔다가 다시 상가 주변으로 쪽으로 간다. 그 주변에는 아직도 분양되지 않은 아파트 부지들이 있다. 여러 군데의 아파트가 들어서려면 4년에서 5년 정도는 족히 걸릴 것이다. 그 후에는 상가들도 지어지면서 활성화될 것이다. 지금 활성화되어 있는 상권 중심의 아파트로 사람들이 몰리는 것은 당연하다.

다만 상권이 아직 형성되지 않는 곳의 아파트 단지는 지금은 좀 불편하지만 지금 매입을 한다면 더 저렴한 가격으로 물건을 선점할 수 있다. 아직 분양되지 않은 곳의 땅에 새 아파트를 분양 받으려면 가격이 오른 분양가로 받아야 한다. 이곳은 바다 뷰가 영구적으로 나오는 동이 있는데 직접 거주하는 경우에는 더없이 좋고 투자로 임대를 놓아야 한다면 자금이 여유로운 사람들에게 추천한다.

앞에 아무것도 가릴 것이 없어 바다를 온전히 바라보는 그 단지의 아파트를 매입한 분이 있었다. 사실 새로 입주하는 아파트는 잔금과 동시에 전월세를 맞추는 데 자금이 여유로운 경우는 먼저 잔금을 치르기도 한다. 임차인을 맞추는데 시간이 걸릴 수는 있지만 시간이 지니면서 가치를 갖게 된다. 이러한 곳은 자금이 여유로운 사람들에게 적극 추천한다.

아파트를 산다면 입지가 좋은 곳을 선택해야 한다. 입지는 도시에 자리 잡고 있는 산업에 따라 비중이 다를 수 있다. 직장이 가까운 곳에 아파트 단지들이 있다면 그곳이 가장 좋은 입지가 된다. 다만 너무 나 홀로 식은 피한다. 유아부터 학생들이 많은 곳은 학교와 학원이 우선 입지가 된다. 산을 끼고 있다든지 공기가 좋은 곳은 대형 평수 위주이거나 아무래도 자가인 경우가 많다. 이런 곳은 자금의 여유가 있는 분들에게 추천한다. 입지가 좋다는 것은 어느 한 가지만 들 수는 없지만 가장 중요한 요소라면 일자리, 교통, 학교 등이라 할 수 있겠다.

아파트 입지, 이 정도는 되어야 한다!

각 지역마다 주력산업이 있다. 서울과 수도권으로의 이동이 편리한 곳, 일자리 부근, 상권이 형성된 곳이 입지가 좋은 곳이다.

입지가 좋은 곳은 시간이 지날수록 가치가 올라간다. 그러한 곳 중에서 급매를 노린다.

⑦ 단지 내 미분양 상가로 수익을 보다

L은 연구원이다. 6년전 분양이 안된 2층 상가 10여 평을 할인가로 매입했다.

매입 후 보증금 천만 원에 월세 60만 원에 세를 놓았다. 단지는 2천 세대가 넘는 곳으로 기존 2천 세대 배후지뿐 아니라 임차인의 솜씨가 좋다는 소문이 나서 고정고객을 확보해가며 장사가 잘 되었다.

그는 6%의 수익률에 맞추어 매도를 했다. 상가는 수익률 6%로 매매가격을 잡는다.

투자 기간 2년간 수익률은 30%다.

소형 아파트로 승부를 보라

성공은 성공지향적인 사람에게만 온다.
실패는 스스로가 실패 할수밖에 없다고 체념하는 사람에게 온다.
– 나폴레온 힐 Napoleon Hill

투자금이 적게 들어가서가 아니다. 가격이 낮아서 가능하다

'확증적 편향'이라는 말이 있다. 『부의 추월차선』으로 잘 알려진 30대 억만장자 엠제이 드마코가 그의 책에서 사용한 말이다.

조언을 구하면서도 정작 말을 듣지 않는 사람들이 있는데 이들은 어떻게 해서든지 자신의 사고를 지지하는 것만을 보고 들으려 해서 남의 의견을 무시하고 비판한다. 새로운 증거가 드러나도 자기가 가진 신념이나 이론을 확증하는 것으로 해석하려는 경향이 있다. 손님 중에서도 가끔은 이런 분들이 있다.

P는 작년에 소형 아파트에 관심이 있다며 왔다. 처음에는 말을 아끼는 분위기더니 이것저것을 물어보기 시작했다. 의견을 물어보아 답을 해주면 말마다 꼬리를 잡고 이어나갔다. 부동산에 관한 정책이 어떠니저떠니 하면서 집값이 잘못됐다고 짜증 섞인 투로 나에게 자기 의견을 피력하는 것이다. 내가 어떤 이야기를 하더라도 그의 생각엔 변함이 없었고 내가 주는 정보도 그의 생각을 뒷받침하는 근거로만 해석해버리는 것이다.

"집값이 오를까요?"

"그래서 집을 사시려고요?"

"아뇨, 저는 절대 집은 안 삽니다."

"네. 그러시군요."

나는 다른 이야기로 대화를 마무리했다. 이런 이들이 바로 엠제이 드마코가 이야기하는 헛질문쟁이들이다. 이들은 집을 사러왔다고 하면서도 이런 반응을 보인다. 애초에 집을 사고 싶은 마음이 있어서 방문을 했지만 이러한 경향 때문에 자신의 사고에 확신을 더하고 역시 사지 말아야겠다고 결심을 굳히고는 돌아간다.

작년 봄, 마지막 20평형대 특별 분양을 하면서 만나게 된 J는 반대의 경우다. 20대 초반으로 얼핏 보기에도 순진하고 세상 물정 모르는 표정으로 사무실로 들어왔다.

"저, 분양을 하나 받았는데 세입자를 구하고 있습니다."

"그러시군요. 잔금일이 언제까지인가요?"

"2주일이 채 안 남아서요, 부탁 좀 드립니다."

며칠 뒤 그의 엄마가 사무실로 들러서 어떻게 되어가고 있는지 물어보러 왔다.

"좋다는 말만 듣고 저렇게 일을 저질렀네요. 걱정이에요. 군대를 졸업하고 이제 막 일자리를 잡기는 했지만 제대로 된 직장도 아닌데 말이죠."

그렇다. 세를 놓을 수 있는 기간이 빠듯하고 융통할 수 있는 자금도 넉넉지 않았다. 게다가 분양을 받은 곳은 선호도가 낮은 2층이었다. 그 친구는 25세로 막 군대를 졸업하고 취직을 하자마자 어머니의 말 그대로 일을 저지른 것이다. 누군가의 말을 듣고 분양을 받았고 그것이 본인에게 기회라고 생각하고 용기를 낸 것이다.

내게는 오히려 그 친구의 결단이 기특했다. 대출 받을 수 있는 한도만큼 받고 최대한 노력하자라고 하고는 가격이 저렴한 곳을 찾는 손님들에게 적극적으로 소개했다. 저층이 다른 층보다 선호도가 낮기는 해도 아이들을 둔 부모나 어린이집, 공부방을 하고자 하는 사람들이 좋아하는 층이기도 했다. 전세를 알아보는 사람들 중에서 가격을 고민하는 사람들에게 권유하고 광고도 적극적으로 여러 곳에 해서 다행히 잔금일 안에 맞출 수 있었다.

계약을 모두 마치고 부동산 등기가 나오는 날 그와 간단하게 이야기를 나누었다.

"돈도 여유롭지 않은데 어떻게 집을 살 생각을 했어요?"
"네, 물론 염려가 없는 것은 아니었지만 정규직은 아니어도 이제 일자리가 생겼으니 이자 정도는 부담할 수 있을 거라 여겼어요. 다른 사람들도 부동산으로 돈을 벌었다길래 저도 해보고 싶다는 생각이 들었습니다. 그냥 해보고 싶었어요."

그냥 해보고 싶었다는 말을 했지만 그의 눈빛에서 무엇이든 해내고자 하는 의욕을 볼 수 있었다. 대출을 받아서 진행한 그의 투자비용은 등기비용을 포함하여 2천만 원 정도이다. 소형 평수는 전세를 두고 매입을 한다면 자금 부담이 적어 초보 투자자들이 선호하는 물건이다. 염려될 것만을 생각하고 의심하여 시작을 못 하는 사람도 있지만 누군가는 가능성을 보고 시작한다.

투자자들이 소형 아파트를 선택하는 데는 이유가 있다

소형 아파트만을 집중적으로 매입해 주택임대사업을 하는 사람들도 있다. 그들은 수도권의 급매나 분양이 있을 때 집중적으로 매입을 한다. 작년에 있었던 분양에서 한 주택임대사업자는 30여 채를 매입했다. 주택임대사업을 하게 되면 취등록세나 양도세에서 혜택이 주어진다. 낮은 이자로 대출을 이용하고 실제 투자 비용은 2천만 원 남짓이다. 아무리 이자가 나간다고 해도 이자 비용과 시세 차익은 비교가 안 될 정도다. 이들이 소형 아파트를 선호하는 데는 다음과 같은 이유가 있다.

소형 아파트 투자에는 몇 가지 장점이 있는데 그중 하나는 자금이 적게 들어간다는 것이다. 금액이 적게 드니 투자를 하는 쪽이나 파는 쪽에서 부담이 덜된다는 면이 있다. 소형 아파트라면 20평대인데 방이 2개나 3개가 나오는 경우가 대부분이다. 신혼부부나 혼자 사는 사람들에게 항상 인기 있는 유형이다. 또 하나는 이동률이 높다는 것이다. 혼자 살다가 결혼을 하게 되면 조금 더 넓은 곳으로 이사를 하거나 결혼해서 신혼살림을 차린 부부들은 아이가 생기면서 조금 더 넓은 평수로 옮겨가게 된다. 만기 시마다 이동률이 많다면 투자 입장에서도 물가에 맞추어 세를 놓을 수 있어서 유리하다.

일시적으로 많아진 공급량 때문에 가격이 조정될 때도 있지만 소형의 인기는 여전하다. 투자 입장에서 또 하나의 강점은 세제혜택이다. 임대사업자들에게는 취등록세나 양도세, 종합부동산세에서 면적에 따라 혜택이 주어지는데 평수가 적을수록 그 혜택이 크다. 큰 혜택은 수익률과 직결되는 문제다. 그런데 조심할 부분은 최근 발표한 정부 대책 중 주택임대사업자의 혜택 부분이 대폭 수정되었다. 그 전에 등록분은 기존대로 가고 새로 등록하는 사업자는 달라지니 이를 잘 알아보고 투자해야 한다. 최근 다주택자를 겨냥한 보유세 및 기간 연장으로 투자 기간이 길어진 면도 있다. 여기저기 똑똑한 한 채를 노리며 가격이 오르는 아파트를 사기 위해 발을 구르지만 단기간에 승부를 보기 위해 뛰어든 사람들은 뒷북이 되기 쉽다. 한동안 갭 투자로 부동산을 여러 채씩 사면서 이익을 보았지만 지금은 조심스럽기도 하다. 자금적인 면에서 여력이 없는 무리한 투자는 항상 금물이다.

사람들은 지금보다 나아지기를 원하지만 기존에 갖고 있는 사고의 경향에 따라 익숙한 대로 판단하게 된다. 또는 알고도 그동안 해왔던 대로 행동한다. 그것이 편하니까. 사실 그들의 모습은 과거의 나이다. 새로운 사실을 알게 되는 데도 오래 걸렸고, 알고도 행동으로 가는 데도 또 몇 년이나 걸렸다. 돈을 벌려면 돈을 벌 수 있는 행동을 해야 하는데 여태 해왔던 익숙한 일들에서 벗어나기까지 많은 시간이 걸렸다. 그동안의 지식과 상식이 현실을 뒷받침하지 못할 정도가 되고 더 이상은 이렇게 살 수 없다는 절박한 심정일 때 깃발을 돌려 꽂았다. 일을 바꾸고 돈을 만들어 분석하며 투자를 시작했다.

투자 면에서 소형 아파트는 여러 가지 매력이 있다.

일단 첫째, 투자금이 적게 들어간다. 대출을 끼고 전세나 월세를 사두기에도 이자 부담이 크지 않다. 둘째, 이동률이 많은 편이다. 일자리로 젊은이들의 인구가 유입되는 곳을 눈여겨볼 만하다. 공급량이 많아지는 곳은 일시적인 조정 기간이 필요하므로 타이밍을 잘 잡아야 한다. 전체 인구는 줄고 있지만 1인 가구는 늘어나는 추세이다. 적은 금액으로 투자를 시작한다면 소형 아파트를 추천한다.

소형 아파트를 투자하는 데는 이유가 있다!

갭 투자로 비싼 아파트에 투자금을 적게 들이는 것이 아니라 가격이 적은 아파트에 투자한다.

가격이 적은 소형 아파트에 투자금을 적게 들이는 것이 리스크가 적다. 취득 시에 투자금이 적게 들어가고 이동률이 높아 임대가 수월하다.

무엇보다 가장 중요한 것은 타이밍이다.

06

저평가된 아파트를 찾아라

'할 수 있다' 또는 '할 수 없다'고 당신은 생각한다. 이 두 가지가 모두 옳다.
— 헨리 포드 Henry Ford

무엇이 저평가인가? 제대로 평가하라!

이왕이면 같은 물건을 싸게 사고 싶은 마음은 누구에게나 있다.

"더 떨어지지는 않을까요? 그래서 고민입니다."

"그때 내가 아파트 사고 6개월 뒤에 더 떨어졌잖아요, 그 가격으로 샀어야 했는데 말이죠. 매번 그게 후회돼요."

"그리고는 어떻게 됐죠?"

"다시 오르긴 했죠. 그 이후로는 조심스러워지더라구요."

보통 고객들이 가끔 물어오는 말 중에서 가장 자주 듣는 말이다. 심지어 어떤 고객은 20년 전의 가격을 알기 때문에 도저히 지금의 가격으로는 땅을 살 수 없다고 한다. 이 얼마나 어리석은 말인가. 사람들이 부동산을 살 때는 나름대로 평가를 하고 산다. 그런데 그 기준이 모호하면 혼란스럽게 된다. 평가의 기준이 제대로 선다면 매번 갈등을 겪을 필요도 없다.

부동산이 저평가되었는지는 알아보는 방법 중에 '지금의 가격으로 같은 물건을 생산해낼 수 있는가'로 보는 방법이 있다. 아파트의 경우는 평당 분양가가 정해질 때, 땅 매입가와 건축비, 각종 비용 그리고 마진이 붙어서 최종적으로 가격이 결정된다. 평가하고자 하는 아파트 가격을 판단하려고 할 때, 지금 아파트를 지을 때 들어가는 비용을 따져본다. 평당 분양가와 비교해보아서 그 정도이거나 그보다 더 싸다면 확실히 저평가된 것으로 볼 수 있다.

한 달 전까지 1군 브랜드 아파트가 특별 분양을 마쳤다. 6년 된 아파트로 중심상가가 바로 앞에 있고 앞쪽에는 바다가 펼쳐진 곳에 위치해 있다. 주변 부지에 신규 아파트가 들어오면서 초, 중, 고가 들어서고 뒤에는 도서관과 산책로가 있다. 사실 8년 전 분양 시에도 분양가는 지금 주변 아파트들과 거의 같은 수준이었다. 분양가가 동일하다는 것은 지금의 가격으로 하면 30% 이상 더 비쌌다는 뜻이다. 그 당시 다리 건설이 취소되면서 분양자들은 집단행동을 취했고 그중 분양을 포기한 세대들이 있었다. 그것들을 다시 회사가 보유하고 있었다. 뒤늦게 회사가 그 보유분을 매도하면서 주변 시세보다 저렴하게 분양을 하게 된 것이다. 분양의 마지막에는 땅값과 건축비에 못 미치는 가격으로 물건이 나왔다. 나는 이 물건을 샀고 집중적으로 소개했다. 내가 이 물건을 진행하자 많은 부동산들이 의아해하기도 하고 심지어는 왜 사냐고 하며 더 떨어지는 것 아니냐고 하며 불안해하기도 했다. 이 경우처럼 브랜드나 입지 면에서도 뒤지지 않고 향후 시세를 회복할 것들은 분명 저평가된 것이다. 저평가된 아파트를 산다면 절대 손해 보지 않는 투자가 된다.

저평가된 아파트에는 이유가 있다
요인이 제거되면 가격은 회복된다

그렇다면 어떻게 저평가되었는지 알 수 있을까? 이들이 가격이 낮은 데에는 몇 가지 이유가 있다. 이러한 것들은 요인이 제거되면 제값을 하게 된다. 물론 위의 경우처럼 특수한 경우도 있지만 그러한 요인들의 대부분은 다음과 같다.

첫째, 공급물량의 과잉으로 가격인 내려간 경우이다.
공급이 일시적으로 많을 때는 기존 아파트들도 가격이 제대로 형성되지 않는다. 물량이 채워지는 시기까지는 기다려야 한다. 최근 입주한 아파트들 중 중심상가 가까이에 있고 브랜드가 좋은 아파트임에도 불구하고 전세가와 매매 가격이 형성되지 않은 것이 있다. 2년 전 분양을 하고 지금 입주 막바지인 한 아파트 단지는 기존의 아파트들과 비교해볼 때 평당 전세가와 매매가 면에서 크게 다르지 않다. 이중에서도 대출규제나 기타 개인 사정으로 계약금 중의 일부를 포기해야 하는 물건들이 나온다. 투자자들 중에서는 이러한 물건만을 사들이는 사람들도 있다.

며칠 전 방문한 50대 중반의 두 여사들도 그러한 분들이다. 어디에나 그 지역의 아파트 가격을 주도할 단지가 있다. 주변에 입주가 내년까지 이어질 3개의 단지들이 있지만 이들은 브랜드와 입지가 좋은 곳의 한 군데를 골라 이곳에서 가장 저렴하게 나온 물건을 골라 매입한다. 지역에 대한 정보를 브리핑하고 내게 추천할 만한 곳을 골라달라고 했다. 나는 추천해주었다. 공급 과잉에 의해 가격이 낮은 단지들도 일단 입주가 마쳐지고 나면 차츰 회복세를 갖는다.

둘째, 개발 호재의 지연으로 저평가된 경우이다.

교통이나 학군에 대한 개발 호재가 있었던 곳들은 개발이 추진되기 전까지 가격이 주춤하고 있다가 착공이 되면 가격이 제자리를 찾아간다. 수도권이라 해도 강남까지의 교통이 편리해지거나 서울로의 접근이 용이해진다면 실수요자들의 관심을 끌기에 충분하다. 현재 압구정에 직장을 두고 있는 P씨는 곧 결혼을 앞둔 예비 신랑이다. 얼마 안 있어 마곡으로 발령이 난다. 마곡에서 출퇴근할 만한 곳을 찾다가 가격이 저렴한 데다 공기도 좋다고 평이 난 이곳을 선택하게 되었다. 직장생활로 바쁜 아들을 대신해 아버님이 직접 대전에서 올라와 계약을 했다.

내년 초에 입주하는 이 아파트는 단지 내에 초등학교가 들어서고 뒤로는 2년 뒤 서울로 연결되는 도로가 착공되는 곳이다. 비록 전철역까지는 버스로 10여 분을 가야 하지만 직장을 다닐 때는 대중교통을 이용할 생각이다. 서울에 비해 절반밖에 되지 않는 분양가에 부모님의 도움 없이 내 집 마련을 하게 되었다. 부모님도 대전에 집이 정리되는 대로 이곳에 이사 올 계획이라며 다음 날까지 그곳에 머물며 지역 이곳저곳을 살피고 돌아가셨다. 교통이 편리해져서 강남 접근성이 용이한 곳은 가격이 이미 많이 올라 있다. 지금 당장은 아니더라도 곧 교통이 좋아질 곳은 저평가된 가격으로 내 집을 마련할 수 있는 절호의 기회다.

셋째, 저평가된 물건의 대표적인 예는 급매물이다.

이곳에 살고 있는 L은 평소에 바다가 보이는 곳의 아파트를 관심 있게 보고 있었다. 시간이 날 때면 가끔 부동산에 들러 시세가 어떻게 달라지는지 보고 예약이 잡히면 집도 들러보기도 했다. 그날도 바다가 보인다는 아파트를 둘러보고 나오는 길에 우리 부동산에 잠깐 들르게 되었는데 사실 그녀가 오기 이틀 전 한 남자로부터 개인 사정 때문에 어쩔 수 없이 급하게 내놓는 물건을 접수하게 되었다.

급매물은 기존의 가격보다 보통은 천만 원 정도 저렴하게 마련인데 상황이 급하다 해서 2천만 원 정도를 더 저렴하게 내놓게 된 것이다. 그녀는 평소에 관심 있게 살폈기 때문에 그 가격이 급급매임을 바로 알아차렸다. 이러저러한 사정으로 천만 원 더 주고 옆의 물건을 샀지만 그 가격도 나쁘지 않다. 바다 뷰가 보이는 곳과 그렇지 않은 곳은 가격 시세가 적어도 6천 이상이 나는 곳이 있다. 영구적으로 바다가 보이는 그곳은 향후 점점 더 가치를 더해갈 것이다.

계약을 하고 나서 나는 L이 정말 운이 좋은 사람이라고 생각했다. 어떤 고객들은 때로는 급매 가격에 좋은 물건이 나와 추천을 해도 선뜻 결정을 하지 못하기도 하는데 이는 평소에 주변 시세를 살피지 않아서이다. 행운도 관심을 주고 노력하는 자의 손을 들어준다.

저평가된 아파트들은 대개 이러한 경우이다. 공급물량의 과잉, 개발호재의 지연, 급매물이다. 공급에 관련한 것은 입주가 채워지는 기간이 지나면 가격을 회복하는데 회복 기간은 지역에 따라 다르다. 개발 호재의 지연으로 가격이 정체되어 있는 경우는 개발이 확실해지는 시기에 접근한다. 그러한 가운데에서 급매를 찾는다. 사실 저평가에 대한 부분이 쉽지 않다. 물건 자체에 대한 평가는 최소한 6개월 또는 그 이상 그 지역의 가격의 흐름과 가격을 결정짓는 여러 데이터들을 가지고 분석해야 한다. 단 몇 가지만을 가지고 판단할 수 있는 것도 아니어서 반드시 전문가의 의견을 참고한다. 작게는 지역 상황에서부터 크게는 정부 정책이나 국제 상황까지 부동산은 여러 가지 요인들이 복잡하게 얽혀서 가격에 영향을 미친다. 나는 큰 외부적인 영향은 배제하였다. 이러한 것들은 전문가들조차도 예측하기 어렵다. 예측 가능한 것을 최대한 활용하고 보수적인 수익률로 접근한다. 평가절하된 요인이 명확해지는 때에 그것은 더 이상 바닥이 아니게 된다.

부동산 불패법칙 30

아파트 가격 제대로 평가하라!

가격이 싸다고 저평가가 아니다. 아파트가 저평가된 요인이 있다. 공급과잉, 개발 호재의 지연, 급매물 등 이러한 요인들이 제거된다면 가격이 오를 가능성이 있다.

제거되는 시점에는 늦는다. 제거되기 이전에 선점하라.

아파트 현장답사 꼭꼭 체크리스트

바람이 불지 않을 때 바람개비를 돌리는 방법은 앞으로 나아가는 것이다.
– 데일 카네기 Dale Breckenridge Carnegie

현장으로 가라, 부동산의 답은 현장에 있다

'사람이 정직하게 말하는 것은 무슨 이유가 있을까? 신이 거짓을 금지했기 때문이 아니다. 그것은 거짓말을 하지 않는 것이 마음이 편하기 때문이다.'

나는 니체의 이 말에 전적으로 공감한다. 중개업을 하다보면 어쩔 수 없이 선의의 거짓말을 하는 고객을 보기도 하는데 이 정도는 애교다. 부동산을 하면서 거짓말이라니 무슨 말인가 하겠지만 서비스업을 하는 곳 어디에나 그렇듯이 가끔은 마음을 상하게 하는 손님들은 있게 마련이다.

"인터넷 광고를 보고 전화를 드렸습니다. 월세를 보고 싶습니다."

입주일과 원하는 평형대를 물어본 다음 나는 가능한 요일로 예약을 잡았다. 볼 만한 곳을 다 찾아서 기존 세입자와 연락을 하여 그날 볼 날짜와 시간을 잡아놓고 오는 날 오전부터 방문 일정이 그대로 가능한지 다시 체크하고 세입자들과도 다시 연락을 하여 잊지 않고 예약을 확인한다, 그날도 그렇게 체크하고 손님을 기다렸다. 방문한 부부는 사무실 의자에 앉지도 않은 채 집을 몇 채 보고는 다른 곳을 둘러보겠다며 이야기도 제대로 않고 부랴부랴 발길을 돌렸다. 나는 그제서야 눈치를 챘다. 그들은 사실 실거주의 목적이 아니라 투자의 목적으로 타입만 보러온 것이다. 다른 부동산과 통화를 하다 이 손님들이 다른 목적으로 방문했다는 이야기를 듣고는 참 황당한 기분이었다.

부동산들은 서로 연결이 되어서 집을 같이 보기 때문에 어떤 손님과 물건이 돌면 우리 부동산에 왔던 손님인지 아닌지 알 수 있는 경우가 대부분이다. 아예 처음부터 솔직히 얘기하고 타입을 보고 싶다고 하면 일이 훨씬 수월하고 투자에 관련된 좀 더 나은 정보를 가져갈 수 있었을 텐데. 어떤 카페에서는 중개업자들이 집을 잘 안 보여주니 세를 구하거나 매매할 것처럼 하고 보고 오라고 얘기하는 곳도 있다고 들었다. 그들에게도 마찬가지이겠지만 서로에게 시간은 소중하다. 솔직하게 대하면 신뢰가 형성되어 서로에게 좋은 정보를 주고받는 관계가 된다. 정직은 가장 확실한 자본이라고 에머슨도 말하지 않았던가.

　토요일 늦은 오후에 부동산을 찾은 젊은 부부는 애초부터 실거주가 가능한 소형 아파트를 보러 왔다고 좋은 물건을 추천해달라고 했다. 한눈에 보기에도 사이가 좋아 보이는 그들은 연신 기대에 찬 눈빛으로 무엇인가 정보가 될 만한 이야기를 기다리며 주의 깊게 들었다. 실거주할 생각이면서 소형 아파트를 볼 때에는 자금 사정인 경우다. 브랜드는 중간이지만 교통이 좋으면서 가격이 저렴한 아파트를 보러온 것이다. 그들은 인터넷으로 얻은 정보가 현실성 있는 것인지 언제쯤 가능한지 실제 들어보고 싶어했다. 할인 분양 물건이 저렴하다고 해서 왔는데 미분양이나 할인 분양하는 것을 찾아볼 수 없다며 어찌 된 일인지 물었다. 아쉽게도 분양이 이미 다 끝나서 그들이 원하는 물건은 없었다.
　그들에게 전반적인 지역의 이야기와 호재가 될 만한 것들을 이야기 해주었다. 그리고 실거주라면 좋은 물건이 있기에 그들에게 처음 생각했던 것보다 좀 더 큰 평형대이긴 하지만 가격이 아주 좋은 조건에 나온 할인 분양 물건을 찾아주었다. 사실 할인 분양은 다 끝났지만 개인 사정으로 분양을 받을 수 없는 물건이 2개 있어서 분양 조건을 그대로 안고 매입하는 것이 가능했다. 그들은 하루를 생각하고 다음 날, 2개 중 마음에 드는 하나를 계약했다.

또 다른 부부는 평일에 방문을 했다. 이들 부부 또한 실거주할 생각으로 아파트를 보러왔다. 이들에게는 여윳돈이 있었기에 평수가 큰 곳도 부담이 없었다. 그곳은 6년 전에 입주한 아파트의 경우로 할인 분양 조건은 좋았지만 아직 자녀가 학교에 다니고 있어서 통학이 힘들고 중심상가로부터 거리가 차량으로 10분 정도 떨어져 있었다. 브랜드 인지도도 있고 내부 인테리어 자재 또한 최근 입주를 시작한 아파트에 뒤지지 않았지만 입지 면에서는 조금 떨어지는 편이었다. 아이 하나를 둔 부부는 아직은 학생인 딸아이의 통학과 학원 이용이 편리한 곳으로 정했다.

잊지 말자! 현장에서 반드시 체크해야 할 사항이 있다

듣고 보면 당연할 수도 있는 말이지만 실제 현장에서 보면 입지적 요건보다 브랜드에 끌려 결정이 어려운 경우가 간혹 있다. 현장에서는 실제로 살아온 사람들의 의견이 도움이 된다.

매수자의 입장에 따라 브랜드가 우선일 수도 있고 교통이나 학군이 우선인 경우도 있다. 또 지역의 특성상 우선시되는 조건이 붙기도 한다. 당연하면서도 몇 번을 강조해도 지나치지 않는 체크해야 할 것들을 살펴보도록 하자.

첫째, 교통이 편리해야 한다. 역이나 정류장에서 가까운 곳이 좋다.

신혼부부나 아이가 없는 부부들은 맞벌이를 하기 때문에 이용 시간 자체는 30분에서 40분 정도라도 한 번에 갈 수 있는 노선을 선호한다. 교통의 입지는 가장 중요하다.

둘째, 학교 근처가 좋다.

1천 세대가 넘는 아파트 단지에 학교가 있다면 더 없이 좋다. 아이들을 둔 부모들에게 찻길을 건너지 않고 학교에 안전하게 보낼 수 있어서 언제나 인기다. 학생들이 많은 곳은 어린이들을 위한 수영 강좌나 발레 등의 수업을 커뮤니티 시설에서 저렴한 가격으로 배울 수 있고 공부방, 개인과외 등이 있어서 방과 후에도 이용이 가능하다. 단지 내 상가에 피아노 학원이나 다른 학원들도 중심 상가 못지않게 잘된다. 보통 아이 둘을 둔 곳이라면 최소 10년 이상 단지를 지키게 된다. 단지 안에 학교가 없거나 아이들이 상위 학교에 들어가게 되는 때에는 셔틀버스가 잘 운영되고 정류장과 가까운 곳인지를 살핀다.

셋째, 학원가가 형성된 곳이면 좋다.

물론 학원차량이 운행이 잘 되기도 하지만 집 근처에 도보로 이용이 가능한 학원들이 많다면 방과 후에 지친 몸을 차량에 싣고 다니며 시간을 낭비할 일이 없다.

넷째, 이사 시기를 살핀다.

예전에는 이사철이나 이삿날에 주로 몰리는 경향이 있었다. 최근에는 핵가족화와 1~2인 가구의 증가로 따로 이사철이 정해져 있는 것 같지 않다. 가장 두드러진 변화는 겨울에 이사가 많아졌다는 것이다. 방학을 이용해서 새 학기 전에 움직이는 경우가 많아졌고 직장 발령이나 새로운 곳에 취직하는 경우도 대부분 연초가 많다 보니 한 겨울에도 이사가 많다. 그 지역의 특성에 맞추어 이사가 많은 계절에 움직이면 아무래도 다음에 움직일 때 새로운 임차인이나 매수자를 잡기가 더 수월하다. 기존 아파트에 거주자가 있으면 그들과 조율하여 이삿날을 잡아야 한다. 입주 아파트의 경우는 사용승인일 이후 아파트 보존등기가 나기까지 한 달에서 두 달 정도 기간이 걸린다. 대부분은 그 안에 등기를 쳐야 해서 잔금일을 그때까지는 해야 하지만 자금이 여유 있는 분양자의 경우는 임차인의 사정에 맞추어 시기를 늦추어줄 수 있는 경우도 있다. 계약서의 나의 이삿날이 잔금일과 다르다면 중개인에게 부탁하여 시기를 조정해본다.

다섯째, 진실하게 만나라.

나는 어느 일, 어느 누구와의 만남도 우연은 없다고 생각한다. 중개를 하다 보면 여러 사람을 만나지만 유달리 정이 가는 사람이 있기도 하고 때로는 섭섭한 손님이 있기도 하다. 짧은 만남이지만 하나하나의 인연과 시간이 모여 하루가 되고 이러한 날들이 쌓여 인생이 된다. 기운이 좋은 고객을 만나면 하나라도 더 정보를 주려고 노력한다. 나의 경우는 성격이 좋은 고객들과 한 번의 거래로도 언니 동생 사이가 되기도 한다.

투자든 실입주든 아파트를 고를 때 반드시 체크해야 할 것은 다음과 같다.

첫째, 교통이 편리할 것. 역이나 정류장이 10분 이내에 위치해 있는 곳이 좋다.

둘째, 학교와 학원이 가까이 위치해 있거나 단지 안 또는 바로 옆에 있는 아파트가 좋다.

셋째, 중심상가가 가까워야 한다.

이러한 것들을 우선으로 하고 단지를 선택한 다음 층과 평형을 고려한다. 당연한 것으로 여길 수 있지만 실제 투자한 경우를 보면 그렇지 않은 예가 있다. 기본을 고려한다면 실패하지 않는 투자를 할 수 있다.

부동산 불패법칙 31

현장에 답이 있다! 현장에서 꼼꼼히 체크하라!

현장에서 교통이나 학원, 중심상가를 직접 확인한다. 기억하라. 원하는 아파트가 선택되면 반드시 부근 중개업소에 들러서 그 아파트만의 정보를 따로 입수한다. 그것이 진짜 정보다.

08

아파트 투자에 레버리지를 이용하라

성공을 확신하는 것이 성공에의 첫걸음이다.
– 로버트 슐러 Robert Harold Schuller

수익률을 높이고 시간을 버는 방법, 레버리지를 이용하라

하루는 젊은 여자 분이 부동산으로 찾아왔다.

"얼마 전에 전화를 드렸었는데 보증금 2천만 원에 45만 원을 찾고 있어요."

"지금 가장 적은 소형 아파트도 천만 원에 60만 원이고 2천만 원이면 55만원이 시세입니다. 그렇지 않아도 찾아봤는데 맞는 가격의 물건이 없어서 전화를 못 드렸어요."

"저는 그동안 한 집에서만 6년 살았어요. 이렇게 올랐는지 몰랐네요."

그동안은 집주인에게 사정 얘기를 해서 세를 올리지 않고 지낼 수 있었거나 조금씩만 올려주고 지냈었던 모양이다. 4일 안으로 집을 구해야 해서 공실인 곳으로 들어가야 하는 사정이 되었다. 이런저런 이야기를 들어보니 소득이나 조건들이 전세대출을 받으면 낮은 이자를 받을 수가 있었다. 본인이 생각하는 월세보다 훨씬 낮은 금액으로 들어갈 수 있었다.

"저는 한 번도 대출을 받은 적도 없고 대출을 생각해보지 않았습니다. 생각해보고 연락드릴게요."

다음날, 그녀의 답변은 대출을 생각해보지 않아서 도저히 안 되겠다는 것이다. 그녀가 지금 있는 곳은 방이 3개인 25평 아파트다. 6년 전 처음 입주 때 저렴한 시세로 들어왔는데 시간이 지나 세가 올라가니 그 가격으로는 방 2개짜리 아파트에도 들어갈 수 없는 금액이다. 그 금액은 오피스텔 원룸에 맞는 시세로 지금 사는 곳에서 10분을 더 가면 구할 수 있다. 원룸이나 오피스텔은 어떠냐고 했더니 혼자가 아니라 그것은 힘들다는 것이다. 결국 임차인은 집을 구하지 못하고 돌아갔다.

물론 월세가 전세보다 반드시 더 불리한 선택이라고 할 수는 없다. 전세로 들어가려면 최소 전세금의 20%는 있어야 하는데 월세는 전세에 비해서 보증금이 훨씬 적게 들어간다. 보증금을 적게 주고 나머지 자금을 이용하여 수익이 확실한 투자처에 투자하여 높은 이익을 볼 수 있다. 그러나 무조건 빚을 내는 것이 안 좋다는 생각은 오해다.

대출에 대해 안 좋은 인식을 가지고 있거나 어떻게 이용하는지 잘 모르는 경우가 의외로 많다. 물론 전부 자기 돈으로 하는 경우도 있겠지만 이미 부동산 가격은 직장인들이 혼자만의 힘으로 마련하기에는 힘에 부치는 가격이다. 때로는 대출제도를 잘 몰라 비싼 월세를 비용으로 치르는 경우도 있다.

오랜만에 만난 친구의 경우도 마찬가지였다. 친구는 신혼 초부터 시부모님을 모시고 살면서 살고 있던 다가구 건물을 증여받았다. 집 마련을 할 필요도 없었고 시부모님 살아계실 때는 알아서 다 해주시니 생활비 걱정도 없이 지낼 수 있었는데 지금은 안 계시니 살림을 도맡아 해야 하고 재산도 신경을 써야 하는 입장이 된 것이다.

"동생이 10년 된 청약통장을 갖고 있는데 써먹긴 해야 할 텐데 집값이 너무 비싸니 엄두가 나질 않아.

"자금은 얼마나 있는데?"

"내가 융통해줄 수 있는 금액까지 합치면 4억까지는 되거든. 어지간한 것은 10억 정도 되어야 하지 않니?"

"그 돈이면 충분해."

그 친구는 집을 분양 받으려면 분양가 전부를 갖고 있어야 가능한 줄로 알고 있었다. 우리나라 주택 분양은 선분양이 대부분이다. 집이 완공되기 전에 먼저 분양을 하고 짓는 경우이다. 이렇게 분양하는 집들은 분양가에 10%만 있으면 청약이 가능하고 중도금은 건설사가 집단 대출을 무이자로 해준다. 2년 정도 뒤에 입주 시기가 되면 자신에게 맞는 은행에서 대출을 받아서 잔금을 치르게 된다. 게다가 실제 입주가 부담스럽다면 전세나 월세를 주고 그 금액과 자기 돈을 합하여 잔금을 치르면 된다. 신규 입주하는 아파트는 대체로 60%나 70%까지도 담보 대출이 가능해서 본인이 입주를 할 때에 생각했던 것보다 자금이 적게 들어간다.

친구는 이 내용을 처음 듣고 놀라워했다. 그동안 투자에 관심이 생겨 아는 동생과 몇 번 부동산 카페에 가서 설명회를 들었는데 다 좋다는 말만 하고 막상 투자를 어떻게 해야 할지 막막하다는 것이다. 이제는 주변에서도 너도나도 여기저기 아파트를 샀다는 말이 들리고 자기도 뭔가 해야겠다는 생각이 들었다고 한다. 만약 친구의 동생이 아파트를 하나 분양 받을 때 자기 돈을 모두 가지고 사려면 몇 년 동안 몇 억을 더 모아야 하고 그렇게 모으는 것이 가능할지도 모를 일이다. 그 친구는 부모님에게 증여받은 유산을 6년 넘게 은행에 넣어두고만 있었다. 현금을 그대로 갖고 있으면 시간이 지날수록 돈의 가치가 떨어진다는 것을 공부를 하면서 알게 되었다고 한다.

대출을 이용해 자산을 구입하라. 구입 후 계획을 잡아 자산의 성격을 바꾸어간다.

서울에서 직장생활을 하던 P는 대출을 잘 이용한 경우이다. 그는 곧 결혼을 해서 살림을 꾸리기 위해 얼마 전 4개월 후면 입주할 새 아파트를 샀다. 처음에는 얼마를 대출 받을 수 있는지 알아봐 달라고 하기에 대출 가능한 금액과 처음으로 집을 구입하는 데다 결혼을 앞둔 신혼부부이기에 더 저렴하게 이용할 수 있다고 알려주었다. 그는 그동안 모아둔 돈과 대출을 이용하여 집을 사고 부인과 함께 원금과 이자를 갚아나갈 생각이다. 결혼도 결혼이지만 무엇보다도 부모님 도움 없이 스스로 내 집 마련을 했다는 기쁨이 더욱 컸다. 순수한 내 돈으로 마련할 생각을 했다면 집을 살 생각조차 못했을 것이다. 이자를 내야 하는 부담보다 몇 년간 열심히 모아도 물가를 따라 올라가는 집값을 감당할 수 없다는 것을 이미 잘 알고 있었다.

어떤 사람들은 그들은 원금과 이자를 갚아나갈 능력이 되는 사람이고 자신은 상황이 안되어 그렇다고 얘기한다. 그러나 내가 여러 경우를 보았을 때 그것은 상황의 다름이 아니라 생각의 다름이다. 집을 마련한 사람들은 어떻게든 모으고 또 자금을 이용하여 자산을 불려나갈 생각을 한다. 그렇지 않은 사람들은 항상 어려운 쪽에 초점을 두고 나중에는 결국

안될 수밖에 없는 상황들을 만들어간다. 선택은 본인에게 달려 있다.

하지만 무리한 레버리지는 금물이다. 아는 언니를 따라 아파트 투자를 시작한 K여사는 자기 돈을 얼마 들이지 않고 집을 살 수 있다는 말에 여러 채를 샀다. 처음 아파트를 산 곳이 많이 오르면서 몇 개까지는 좋았는데 공교롭게도 국제금융위기가 터지면서 자금의 압박을 받는 일이 생긴 것이다. 본격적인 아파트 건설이 시작된 이래 20년 전 IMF외환위기 때와 10년 전 2008년 국제금융위기 때에 모든 경기가 그랬듯 아파트 가격 또한 폭락하면서 어려움을 겪는 이들이 많았다. 그 이후로 그녀는 무리한 투자는 항상 조심하고 어느 정도 자금을 확보하고 있다가 대처하곤 한다.

정부가 다주택자들을 규제하면서 대출이 예전보다 어려워지고 실수요자들조차 주택을 구입하기가 어려워지고 있는 실정이다. 그러나 조정대상지역이 아닌 곳이나 저평가된 곳은 있다. 최근에 서울의 집값이 급등하면서 똘똘한 한 채를 위해 지방의 여러 집을 정리하고 오르는 곳에 투자처를 잡는 이들도 있지만 또 어떤 투자자들은 나름대로 분석한 저평가된 곳만을 골라 투자하기도 한다. 선택은 본인의 몫이지만 여러 주택으로 투자를 하는 경우 자금 면에서 무리수를 두는 것은 언제나 조심할 일이다.

내 집 마련을 해야 한다면 감당할 수 있는 한도 내에서 대출을 이용해 마련하는 것을 추천한다. 신규로 입주하는 아파트의 경우는 주택이 있더라도 기존 주택에 대출이 없거나 무주택자의 경우 분양가의 70%까지 가능하고 기존 주택이 있고 대출이 있다면 분양가의 60%까지 가능하다. 일단 집을 마련하고 본인이 입주할 상황이 안 되면 전세를 놓아 자금의 부담을 줄일 수도 있다. 몇 년 뒤 어느 정도 자금을 확보한 후에 입주를 하거나 또 다른 방법들도 있다.

레버리지 효과leverage effect란 타인이나 금융기관으로부터 차입한 자본을 가지고 투자하여 이익을 보는 것이다. 특히 부동산 투자에 많이 활용되는데 많은 사람들이 이자에 대한 두려움이나 잘못된 인식으로 인해 주저하고 있는 경우가 더러 있다. 그래서 금융 공부가 필요하고 자산에 대한 평가가 중요하다. 아파트 투자에 대출을 이용하는 것은 은행의 돈, 즉 남의 돈을 활용하여 현재의 자산을 확보하는 일이다. 내 자산에 대한 정확한 평가와 그에 걸맞는 가격일 때에 레버리지를 활용해야 한다.

투자라면 레버리지를 이용하라!

막연히 대출을 두려워하지 마라. 내 집 마련에는 최대한 장기로 받는다.

확실한 이익이 보이는 곳에 투자한다면 매수 후가 더 중요하다.

매도 타이밍을 잡는 것에 집중하라.

수익은 확률이 아니라 확신이다.

이기고 들어가는 게임은 백전백승 아닌가!

5장

부동산을
만나는 순간
미래가 달라진다

01 불경기일수록 제대로 분석하라

– 실전이 불패의 성공을 부른다

⑧ 오피스텔로 월세 수익 올리기

02 부동산 정책에 일희일비하지 마라

03 변하지 않는 투자 원칙이 있다

04 10년 투자 로드맵을 그려라

05 종잣돈보다 중요한 건 실행력이다

06 부자가 되려면 의식이 먼저 변해야 한다

07 부자의 사고방식으로 부자가 되라

08 행복한 부자 엄마, 아빠가 되라

01

불경기일수록 제대로 분석하라

당신 스스로에게 투자하는 것이 가장 훌륭한 투자이다.
이것은 당신의 삶을 개선시킬뿐 아니라 당신 주변의 사람들의 삶도 개선시켜준다.
– 로빈 샤르마 Robin Sharma

부동산은 불경기에 제대로 평가하라! 그곳에 기회가 있다

부동산에 관련한 책들을 보고 관심이 있었지만 나는 10년이 넘도록 제대로 된 투자 한번 못하는 사람이었다. 돈도 돈이지만 도무지 어렵기만 하고 부동산에 대한 직접적인 정보를 들어도 믿기가 힘들었기 때문이다. 제대로 알아야겠다는 생각에 중개사 시험을 준비하고 자격증을 취득했지만 사실 그 당시만 해도 종잣돈을 모아서 투자라도 시작하려는 마음만 있었지 부동산 사무실을 차리고 싶지는 않았다.

그러나 내게 새로운 관점이 생기게 된 계기가 있었다. 중개 사무소를 차리게 된 아는 동생의 일을 도우면서 일을 해보니 매주 시장 상황은 달라졌고 이러한 빠른 흐름을 알기 위해서는 현장에 있는 것이 답이라는 생각을 하기에 이르렀다. 그리고 투자에 대한 나의 관점 또한 달라지게 되었다. 기존에는 돈이 있어야 가능하다고 생각했다. 그러나 돈이 먼저가 아니라 정보와 확신이 투자를 가능하게 한다는 것을 알게 된 것이다. 나는 그나마 생계를 위해 남겨두었던 나의 마지막 보루마저 던져버리고 부동산에 올인하기로 결정했다. 그동안 몰랐던 부동산에 관련된 정보나 투자 과정들을 지켜보면서 내가 그동안 결과치를 만들어내지 못한 이유들과 중개업을 하면서 일어난 여러 가지 경험을 통해 삶의 지혜들을 알아가게 되었다.

요즘 부동산 경기는 말 그대로 냉랭하다. 그러고 보니 경기가 좋았을 때도 항상 내 주변에선 부동산에 대한 시선이 곱지 않았었다. 부동산을 통해 돈을 벌었다는 사람을 찾기가 힘들었다. 원래 돈을 번 사람들은 조용히 있고 실패했다고 생각하는 사람들이 말을 하는 경우가 많아서 일수도 있다. 반신반의하면서도 투자가 힘들었던 것은 경험과 신뢰 있는 정보의 부족으로 부정적인 의견에 동조되었기 때문이었다.

사무실을 준비하면서도 마찬가지였다. 부동산 경기가 안 좋으니 차리는 것은 무리라는 의견이 다수였다. 주변인 중 10명 가운데 8명이 불경기에 사무실을 차리는 것은 힘든 일이라며 만류했고 2명 정도가 열심히 하면 괜찮을 거라고 했다. 그러나 이미 확신이 섰기에 주저함은 없었다. 확신이란 그런 것이다. 믿음이 확고해져 어떠한 것도 원하는 것으로 끌어 오게 되는 것이다. 지금은 중개업소 하나를 더 인수해서 운영하고 있다. 처음 부동산을 연 곳은 역 주변이면서도 다가구 주택과 오피스텔이 배후 지인 곳이고 새롭게 인수한 곳은 기존 아파트 단지이면서 새로 입주가 시작되는 곳이다.

역 주변은 주로 젊은 직장인들 위주의 1인 가구가 주를 이룬다. 주로 집과는 멀리 떨어져서 지내는 직장인들이 직장 가까운 곳에 원룸이나 오 피스텔을 구하러 오는 것이 대부분이다. 그런데다 요즘은 집이 있어도 직장을 갖거나 성인이 되면 자기만의 공간을 위해 오피스텔을 찾는 경우 가 많아지고 있다. 전체 인구 수는 줄고 있지만 특히 1~2인 가구가 늘어 나는 추세를 보인다는데 공감이 가는 부분이다.

나는 이 부근에서 중개업을 하면서 원룸의 입주 수요와 가격을 보며 오피스텔 분양가를 역추정했다. 2년 뒤의 오피스텔 공급량과 수요에 대 해 예측해보고 투자할 수 있는 오피스텔 분양가를 정해놓고 있었다. 공 급량이 일시적으로 많아지는 입주 시기에는 원하는 수익률만큼의 가격 을 받지 못 할 수 있다. 2년이 지나면서 가격 또한 자리를 잡아가겠지만 혹시 변수를 생각해서 최저 가격으로 산정한다. 이럴 때 2년 뒤 물가상승 은 덤이다. 변수는 언제나 존재할 수 있어서 현장에 있는 나로서는 보수적인 판단을 내릴 수밖에 없다. 2년 뒤에 입주가 될 것이 아니라 지금 이 가격으로 입주가 가능한지를 생각해본다면 무리라고 생각할지 몰라도 그것이 최저가이고 가장 현실적인 가격일 수 있다. 특히나 입주 물량이 많아진다면 말이다. 그러한 것들은 2년 뒤에 시세를 볼 수 있는 물건이기도 하다.

　나는 역 주변으로 분양가가 저렴한 곳에 분양을 받았고 투자는 그렇게 시작되었다. 나는 확실한 물건에 투자했고 손님들에게도 자신 있게 소개했다. 주변에서 소문을 듣고 분양하는 사람들이 자기들의 물건을 가지고 왔다. 내가 분양을 잘한다는 것이다. 분양을 잘할 것이 무엇이 있는가? 제대로 분석해서 저렴한 물건을 소개하는 것인데. 그들이 물건을 가져오면 나는 철저히 수익률을 먼저 본다. 그 다음이 입지다. 가격이 맞지 않는 것은 거들떠보지도 않는다. 나중에는 손님들이 오피스텔 물건을 찾는 경우에 어느 것이 괜찮은 것인지 이 물건을 추천해도 되는 것인지 다른 부동산 사장님들이 물어왔다.

　내가 아파트를 살 때도 마찬가지였다. 저평가된 아파트를 매입할 때에 주변 중개인들은 의아해하며 왜 사느냐고 반문하기도 했다. 중개인들의 이 반응에 나는 놀랐다. 사람들은 가격이 떨어지면 더 떨어질 것이라고 생각하고 올라갈 때는 더 올라갈 것이라고 생각한다. 그래서 내려가는 때에 잡지 못하고 올라가는 때에 매수 타이밍을 잡는데 그것은 어디가 꼭지인지 모르는 것이다. 사실 어디가 꼭지인지는 전문가들조차 잘 모른다. 부동산은 기대심리가 맞물려 돌아가기 때문이다. 대부분의 사람들은 이 지점에서 물건을 사고 싶어한다. 이것이 큰 리스크가 될 수도 있다.

하지만 어디가 저점인지 판단하기는 고점인지 판단하기보다는 쉽다. 이 판단을 일반인들과 중개인들조차 알지 못한다. 고수는 여기에서 매수 타이밍을 갖는다. 확실히 이기는 게임이니까. 내가 저평가된 아파트를 집중적으로 소개하고 매매할 때 그동안 나의 추이를 보아왔던 몇몇 부동산들은 따라서 매매를 했다. 물론 저평가라는 것을 판단할 때는 여러 가지 조건들이 맞아떨어져야 한다. 그것은 물건마다 달라서 그때그때 판단해야 할 문제이다.

원하는 것에만 집중하라. 모든 것은 과정이다

처음 부동산을 개업했을 때 막막함이 없던 것은 아니다. 빈 사무실에 지도 몇 개와 자료들 노트북 하나를 놓고 시작을 했다. 처음 주변인들이 걱정 어린 눈빛을 보일 때 나의 자신감은 그들의 염려를 사양했다. 권리금이 없는 되도록 임대료가 부담스럽지 않은 곳에 열었다. 땅의 흐름을 알고 싶었기 때문에 주로 땅을 물건지로 하는 곳에 자리를 잡고 고객들을 만나면서 시장의 흐름을 잡기 시작했다. 그동안 책으로 볼 때는 알 수 없었던 정보들을 알게 되고 하루하루 알아가는 기쁨으로 1년을 지냈다.

거의 매일 명상과 긍정적인 기도로 하루를 보냈지만 그 와중에도 부족한 면으로 인해 시험대에 오르는 경우도 있었다. 땅을 거래하다가 벌어진 안타까운 일들은 내게 큰 교훈을 주기도 했다. 그렇다. 매일매일이 내게 시험대였다.

어떤 이들이 보기에는 쉽게 계약만 하고 수수료를 챙긴다고 생각할지 모르지만 중개 자체가 책임이 따르는 일이고 과정도 쉽지 않은 경우도 많다. 몸이 힘들 때도 있었지만 마음만은 가벼웠다. 하루를 마치고 책을 읽다 잠이 들고 새벽에 일어나 늘 마음을 다잡는 책을 읽고 또 하루를 시작했다. 나만의 사업의 확장을 꿈꾸었다. 그리고 간혹 힘에 부칠 때면 이런 다짐으로 나를 달랬다.

'나는 일을 하지 않기 위해 일을 하고 있는 것이다.'
'나는 중개인이 아니라 투자를 위해 지금 여기에 있다.'
'이 모든 것은 나의 꿈을 이루기 위한 과정일 뿐이다.'

처음 차린 부동산에서 나름 선전을 하며 매달 매출이 높아져갔다. 자신감도 붙었고 목이 좋은 곳에 부동산을 하나 더 갖고 싶다는 생각이 들었다. 이러저러한 상황으로는 좀 말이 안 되는 일이었지만 나는 막연히 부동산을 하나 더 운영하고 싶다는 생각을 했다.

그리고 1년 뒤 어느 날 말이 안 되는 기회가 왔다. 목이 좋은 곳으로 이름난 자리를 누군가 권리금과 보증금을 모두 계약했다가 계약잔금일 나타나지 않은 것이다. 그 이야기를 듣고 나는 그날 바로 계약을 했다. 말이 안 되게 기회가 왔고 나는 정말 운좋게 그 부동산을 인수하게 되었다. 놀랍기도 했지만 어쩌면 당연한 일이었다. 왜냐하면 그것은 내가 소망한 일이었기 때문이다. 부동산과 관련된 일을 하면서 나는 가능성을 알게 되었고 그 가능성을 믿었기에 원하는 것을 얻어낼 수 있었다. 그리고 지금은 그 이상을 소원하고 이루어가고 있다.

부동산을 만나면 미래가 달라진다. 이는 꼭 재정적인 부분만을 의미하는 것은 아니다. 나의 경우 부동산을 공부하고 투자를 하면서 금융과 시장에 대한 관점이 달라졌다. 이러한 관점의 변화가 투자에 자신감을 주었다. 안다는 것은 그만큼 중요한 것이다. 알면 보이고 보이면 얻게 된다. 얼마나 다행인가. 그동안 노력해서 안 되는 일이 더 많았는데 노력해서 보답을 주는 것이 있다는 게 말이다. 부동산이든 무엇이든 부를 이룬 사람들이 그저 어쩌다가 거저 얻는 행운이라고 생각하는 건 착각이다. 행운은 그것을 준비하고 받아들이는 사람들에게만 온다.

공부하라.

정보가 돈이 아니라, 제대로 평가할 수 있어야 확신이 생긴다!

부동산에 투자한다고 다 부자가 되는 것은 아니다. 그러나 더 큰 부자가 되려면 부동산은 필수다.

왜 두려운가? 아무것도 모르기 때문이다. 왜 망설이는가? 제대로 모르기 때문이다.

이제는 나만의 투자 기준과 함께 이기는 투자 기준이 필요한 때이다.

⑧ 오피스텔로 월세 수익 올리기

일산에서 온 P는 식당을 운영 중이다. 그녀는 비록 시간은 지났지만 월세가 잘 나오는 역세권에 오피스텔을 매입했다. 매입가는 6천 5백만 원, 월세는 보증금 300만 원에 35만 원, 취득세, 중개비, 수리비 등 1년간의 수익은 비용으로 들어간다. P는 10년 전부터 이러한 오피스텔을 집중적으로 매입하여 10개 정도를 보유하고 있다. 비용을 제외하고도 매월 3백만 원가량의 수익이 발생한다.

신축 오피스텔은 분양가도 비싸고 임차료를 높게 받아야 수익률이 난다. 그러나 기존 오피스텔은 임차료는 적지만 안정적이다. 그리고 당장 월세를 받을 수 있다는 장점이 있다.

02

부동산 정책에 일희일비하지 마라

우리가 할 수 있는 한 최선을 다한다면 우리의 삶이나
다른 사람의 삶에 어떤 기적이라도 만들어 낼 수 있다.
— 헬렌 켈러 Helen Adams Keller

문제는 세울 대책조차 필요 없는 '나'다

한국은 지금 부동산 열풍이다. 은퇴를 앞둔 사람들도 젊은 부부들도 대학생들도 관심을 갖고 시작을 한다. 연일 집값은 고공행진을 하고 정부는 하루가 바쁘게 규제정책들을 펴고 있다. 강남에서부터 시작된 부동산 개발 정책에 작정하고 부동산 투자로 돈을 번 사람들도 있지만 내 집 하나 장만하고 살다 보니 집값이 올라간 경우도 많다.

많은 사람들이 열심히 일만해서 버는 돈으로 노후를 준비한다는 게 불가능하다는 것을 알게 되었고 IMF와 금융위기를 겪으며 예기치 않는 외부 충격에 대처해야 함과 다시 회복하는 부동산 경기를 보며 다시 한 번 부동산의 위력을 알게 되었다. 더는 부동산을 외면하고 살 수만은 없는 상황들이 우리 주변에서 일어나고 있다.

직장생활을 하고 있는 L은 2년 전에 20평대 아파트를 1억 보증금 전세로 들어왔다. 갖고 있던 1억 원은 다른 주택을 사는데 보탰다. 자신은 직장 근처에 자기돈 2천만 원으로 나머지 8천만 원을 대출을 받아 전세를 들어 왔다. 지금 그가 그때 마련한 주택의 가격은 엄청 올랐다. 약 2년 뒤에 입주 예정인 곳이다. 그곳으로 가게 될지 어떨지는 모르지만 이곳에서의 삶이 너무 만족스러워 그곳으로 갈지는 고민이 된다고 했다.

그는 이곳의 카페나 이름난 맛집, 작은 빵가게 주인이나 쉐프들의 스토리까지 다 꿰고 있는 그야말로 인생을 즐기는 요즘 젊은 사람들 중의 하나다. 주말이나 평일에도 20분이 채 안 되는 바닷가로 가서 휴일을 즐긴다. 그가 사는 아파트는 바다가 훤히 내다보이는 38층의 탑층이다. 평일에도 맥주 서너 캔으로 펜션에 온 듯한 분위기를 낼 수 있어서 집에 오는 것이 힐링이라고 했다. 2년 전 직장에서 발령이 나서 이곳에 오게 되었는데 갖고 있던 1억 원을 고스란히 전세로 하지 않고 그 자금은 주택을 준비하는데 쓰고 전세는 대출을 받아 살 곳을 마련했다. 이토록 저렴한 전세 가격이 그에게 기회를 준 셈이 되었다. 그들의 친구나 직장동료들은 가끔 그의 집에 놀러오면 그를 부러워한다.

"이렇게 좋은 곳에 살고 집도 갖고 있으니 넌 진짜 행운아다."

"너희들도 이리로 이사 와라."

그러면 그때부터 그들의 질문이 시작된다.

"관리비가 얼마 정도지? 대출을 받은 것은 이자가 얼마지?"

그가 사는 곳에서 차로 5분만 가면 원룸촌이 있다. 그들은 지금 5천만 원의 원룸에 관리비 5만원에 거주한다. 관리비 5만원에는 수도비와 인터 넷이 포함된 가격이라 아파트 관리비의 30%만으로도 충분하다. 이자와 관리비를 포함하여 30여만 원이나 차이나는 금액은 충분히 퀄리티 있는 삶을 포기하고 싶을 만큼 그들에게는 큰돈이기에 부러움으로 그친다. 그는 친구들에게 대출이자비용을 치르더라도 이 정도의 질적인 삶을 누리는 것은 아깝지 않다고 말해준다.

그가 투자로 돈을 벌려고 그랬던 것은 아니다. 어차피 집은 나중에 결혼을 하면 필요할 테니 미리 장만해두는 것이 낫겠다 싶어서 결정했던 것이다. 대출을 받으면 몇십만 원의 이자와 그 외의 비용을 치러야 하긴 하지만 그렇다고 지금의 생활까지 빠듯하게 아껴가며 살아가긴 싫었다고 한다. 그 정도는 자신의 생활에 활력소와 퀄리티 있는 삶을 위해 기꺼이 지불할 가치가 있다고 판단되는 금액이었다.

누구의 삶이 낫다고 비교할 수는 없겠지만 앞으로 그들의 삶이 향후 몇 년 후에는 상당히 달라질 것을 우리는 안다. L은 늘 맛있는 곳이나 경치가 예쁜 곳을 다니며 삶을 즐기며 살아간다. 직장생활도 그런 그에게는 그다지 무겁지 않은 현실로 보였다.

경제가 위기일수록 실물자산이 답이다

중개업을 하다 보면 다양한 삶을 살아온 사람들의 이야기를 들을 때가 있다. 보통 부동산에는 집을 사거나 내놓거나 볼 일이 있을 때 오는 경우가 대부분이지만 부동산 시세나 궁금한 것을 알아보러 오게 되면 이러저러한 이야기를 하면서 그동안 알고 지내지 않았는데도 살아온 이야기를 할 만큼 편한 사이가 되기도 한다.

가끔 그렇게 듣는 이야기들이 꽤 흥미로울 때가 있다. 얼마 전 다녀간 P가 그랬다. 가게 앞에서 서성이기에 들어와서 말씀하시라고 했더니 그녀는 그냥 시세가 궁금해서 왔다고 하며 극구 들어오기를 사양하다 들어왔다.

"저 같이 누추한 사람을 반겨주시니 고맙습니다."

나는 그녀의 말과 행동에서 이미 그녀가 웬만한 자산가임을 눈치챘다. 이런 일을 하다 보면 말투와 표정, 행색에서 어느 정도는 그 사람이 짐작이 되기도 한다. 본인이 갖고 있는 여러 군데 아파트의 시세와 비교하며 부동산 시장을 함께 이야기하였고 자연스럽게 살아온 이야기를 들을 수 있었다.

그녀는 결혼하고 시부모님으로부터 적잖은 돈을 물려받았다. 남편은 건설업을 하는 사업가였다. 그들은 그때 물려받은 재산을 사업 자금으로 모두 사용하지 않고 집을 세 채 사두었다. 그리고 얼마 안 가 IMF가 터지면서 남편의 사업은 부도가 났다. 건설업이 힘들어지자 PC방을 차렸는데 어지간히 자리를 잡아갈 무렵 가까운 곳에 다른 경쟁자가 생기면서 가게 문을 닫을 형편이 되고 말았다.

간신히 건진 건 고물 값에 가까운 기계뿐이라 얼마나 허망했는지 모른다며 이야기를 하는 동안 눈빛에 힘들었던 과거가 고스란히 느껴졌다. 그 후로 터미널에서 액세서리 가게를 운영했다. 생활은 유지했지만 큰 이익은 남기지 못했다고 한다. 여러 장사를 해보았지만 다 안됐고 그나마 사업이 힘들 때마다 집을 사두었던 것이 큰 도움이 되었다고 한다. 처음에는 큰 집을 샀지만 형편이 어려워지면 그 집을 팔아 사업에 쓰고 생활을 하고 남은 자금으로 평수가 적더라도 꼭 다시 집을 사자고 마음먹었다.샀다.

"벌인 사업들은 망했는데 다행히 집값은 떨어지지 않으니 그것으로 버틸 수가 있었어요. 얼마 전 부천 집을 정리하면서 다시 한 번 느꼈습니다."

그녀의 경우도 돈을 벌려고 집을 사두었던 것은 아니다. 자기들도 그렇고 후에 자녀들을 위해서 하나씩 미리 장만해두었던 것이다. 한국 경제의 위기를 몰고 왔던 IMF때에 누군가는 본격적인 투자를 해서 많은 돈을 벌었고 세계 경제에 타격을 주었던 금융 위기 때도 마찬가지로 누군가는 그 위기를 기회로 보고 도약을 했다. 이러한 시류를 타고 전문가처럼 나서서 자산을 형성할 만큼의 자본이나 사업가적 기질이 우리에게 있었다면 엄청난 이익을 보았을 것이다. 그들만큼은 아니어도 부동산 몇 채라도 사두었다면 얼마나 좋았을까 말이다.

사실 정부가 진행하고 있는 부동산 정책은 어느 정도 예견된 일이었다. 소위 부동산에 대해 좀 안다 하는 사람들은 모두 이를 알고 있었다. 정부가 부동산을 잡겠다고 요란법석인 동안 과연 부동산이 될까 하고 고민하는 사람들은 대부분 집이 없거나 부동산을 갖고 있지 않은 경우이고 이 와중에도 시장의 흐름과 정부의 정책을 지켜보며 방향을 모색하는 사람들은 이미 부동산을 가진 자들이다. 이들은 어지간한 전문가 못지않은 의견들을 보이며 상황을 관망하고 있다.

부동산 정책에 일희일비하지 말자. 정부의 적극적인 주도하에 시작된 부동산 개발은 IMF 때와 같은 국가부도사태나 국제금융위기 때 가장 큰 2번의 위기를 맞았지만 그 상황에서도 기회를 잡은 사람들이 있었다. 나와 우리 가족이 살아갈 집을 마련하는 일은 투기가 아니다. 피땀 흘려 모은 돈으로 레버리지를 일으켜 부동산을 사고 시간과 함께 자산을 키워가는 일은 나의 자산을 지키는 일이다. 부동산이 집만 있는 것도 아니다.

상가나 토지 등 다양한 부동산들이 있다. 투자의 기본적인 지식을 갖추고 투자의 눈을 키운다면 자본에 맞는 여러 투자방법들이 존재한다.

부동산 불패법칙 34

정책 탓은 하지 마라! 부동산 투자는 자산을 지키는 일이다

지금 당장 돈이 안 들어간다고 반드시 미래에 돈이 모이는 것은 아니다. 누구에게나 기회를 주는 것이 자본주의이고 준비하지 않으면 기회를 뺏기는 것이 자본주의다. 경제가 활성화되어 경기가 좋을 때는 알 수 없게 가져가고 경제위기가 닥치면 당연한 듯 가져간다.

누가 나를 위해 정책을 만들어준단 말인가.
모두 나의 책임이다.

변하지 않는 투자 원칙이 있다

가격은 우리가 버는 돈이며 가치는 그것을 통해 얻는 것이다.
– 워런 버핏 Warren Buffett

부동산이라면 기본 원칙이 투자 비법이 된다

투자라고 하면 전문가들의 이야기일 것 같고 경험이 없는 사람들에게는 자금이 어느 정도는 있어야 가능한 일이라는 생각이 든다. 하지만 우리 가까이에는 실제로 투자가 늘 있어왔다. 자녀들에게 들이는 교육비는 교육에 대한 투자이고 살 집을 장만하는 것은 집에 대한 투자이며 저축을 하고 돈을 모아 다른 상품에 두는 것은 금융에 대한 투자이다. 주식은 물론이고 요즘은 비트코인과 같은 가상화폐에 대한 투자도 보편화되어 있는 듯하다.

내가 부동산 중개업을 선택하고 부동산으로 자산을 지키고 불려가야 겠다는 생각을 갖게 된 것은 나와 가장 밀접히 연결되어 있기 때문일 것이다. 물론 주식이나 다른 금융상품에 기회가 닿아 공부를 하게 된다면 그 분야가 더 익숙해지고 수익을 낼 수도 있겠지만 지금으로써는 부동산이 내게 가장 익숙하고 나뿐만이 아니라 비전문가들도 이를 통해서 자산을 이루어간 사례가 수없이 많다.

어떤 투자이든 마찬가지로 다른 성향이 있을 테지만 각기 저마다의 투자 원칙들은 있게 마련이다. 원칙이란 가장 기본이 되면서 수익을 낼 수 있는 비법이기도 하다. 부동산도 마찬가지다. 기본 원칙들만 지키고 나아간다면 어떠한 불황에도 지지 않는 자신만의 투자 노하우를 갖게 된다. 다음의 두 여사는 최근 만난 사람들로서 자신만의 투자 노하우로 자산을 이루어간 경우이다.

"삐리리, 삐리리…."

저녁 9시를 훌쩍 넘긴 시간에 걸려오는 전화는 대부분 메시지로 통화하거나 다음 날로 상담을 미루게 되는데 그날은 왠지 받아야만 할 것 같았다.

"네, 부동산입니다."

"오후에 그 동네를 다녀온 사람입니다. 분양권을 매입했는데 혹시 더 저렴한 것이 있으면 사고 싶어서요."

"네. 내일 가격 조정이 될 만한 것이 있으면 바로 연락드리도록 하겠습니다."

사실 그 분이 산 것은 기존의 것보다 가장 저렴한 가격이었는데 혹시 더 저렴한 것이 있지 않을까 해서 연락을 한 것이다.

내가 연락을 하기도 전에 다음날 두 여자 분이 사무실로 찾아왔다. 그들은 중개업자로서 바라보는 전망을 상당히 주의 깊게 듣고 심지어 메모까지 해달라는 적극적인 태도를 보였다. 이런저런 정보를 듣고 주변의 아파트도 둘러본 다음 매입할 물건이 있으면 연락을 달라고 하고 헤어졌다. 3년 전 큰 욕심 없이 아이들 몫으로 사두었던 아파트의 가격이 오르면서 그들의 투자는 시작되었다. 그들이 공략한 곳은 새 아파트다. 자신들은 무조건 새 아파트만 산다고 했다. 그들이 나의 이야기를 메모까지 해가며 들은 데에는 그 동안 다른 곳에서는 들을 수 없는 이야기가 있었기 때문이다. 새로 분양받아 입주하는 아파트 중에서 싼 것만을 고르면 되는 줄 알았었던 것이다. 사실 대부분의 사람들이 그렇게 한다.

투자가 이루어질 때는 가치평가가 우선적으로 이루어져야 한다. 지역적인 평가가 이루어진 다음에 투자를 하게 되면 확신이 서고 그 지역 중 어떤 단지를 선택해야 하는지 어느 가격에 매도를 해야 하는지도 판단이 서게 된다. 흔히 호재라고 하는 것인데 그것이 교통이라면 자체적인 수요와 더불어 인구가 유입될 만한 호재가 확실한 것인지 그리고 그것에 의해 실질적인 수요가 움직이고 있는지를 먼저 확인해야 한다. 이를 가장 잘 알고 있는 곳이 바로 중개업소다. 나 또한 사람들이 묻는 것을 위주로 대답해주곤 하는데 질문을 보면 투자자들이 어떻게 접근하는지 알 수 있다. 제대로 된 분석은 결정에 도움을 준다. 이것저것 기준도 없이 따지는 것과는 다른 것이다. 지역 분석이 이루어지고 나서 그 다음은 단지별로 저평가된 곳을 찾고 나온 물건 중 가장 투자가 될 만한 것을 찾으면 된다.

일단 지역 분석이 끝나면 대상 물건을 찾는다. 이때 투자자의 성향에 따라 방법이 달라진다. 달라진다 하더라도 항상 원칙은 있다. 바로 가격이다.

가장 중요한 것은 수익률이기 때문에 가격의 중요성은 아무리 강조해도 지나치지 않다. 위의 두 여사들은 새로 입주하는 곳만을 집중적으로 공략하는 타입이다. 분양 당시부터 떠들썩한 분양경쟁률을 보이며 프리미엄이 계속 오르는 아파트들이 있다. 계속 올라가는 가격에 또 프리미엄을 얹어서 사는 경우도 있다. 가격이 올라가는 것이 분명한 것들은 시기를 보고 투자해도 좋다.

한편, 그 반대의 경우도 있다. 입주를 앞둔 새 아파트에 잔금을 치를 수 없는 급매가 있다는 것을 그들은 알고 있었다. 지역마다 시장 상황은 다를 수 있다. 두 여사는 몇 년간의 투자를 통해 일반 직장인이나 주부로서는 생각할 수 없는 수익을 보았다. 이들의 목표는 무엇보다 한가지였다. 시장에 나와 있는 물건들 중에서 가장 저렴한 것을 매수하는 것이다.

가격이 오르는 것도 중요하지만 애초에 낮은 가격에 산다면 원래의 가격을 회복하는 것은 매입하는 순간이 되어버린다. 일단 출발점에서부터 이익이 나는 것이다.

경매라고 다 싼 것은 아니다. 목표 수익률이 중요하다

가격을 낮게 사는 다른 방법으로 누구나 알고 있는 경매가 있다. 소형 빌라나 오피스텔, 아파트, 토지, 다가구 등 물건이 다양하다. 얼마 전 아파트를 경매 받은 여자 분이 사무실을 찾아왔다. 망설이다가 아파트를 경매로 받았다고 이야기하며 나중에 정리가 되면 월세를 놓아달라고 부탁을 했다. 아마 명도 과정 중인 듯 했다. 명도는 기존에 살던 거주자나 임차인이 집을 비워주는 과정인데 경매는 이 과정에 따라 쉬울 수도 있고 어려울 수도 있다. 까다로운 주인이나 임차인을 만난다면 생각보다 비용이 더 들어갈 수도 있다.

비용은 수익과 직결되므로 권리분석과 더불어 입찰 전 현장 조사 때 세밀히 조사해야 하는 부분이다.

"임차인이 현관 비밀번호를 바꾸고 나가서 집 상태를 볼 수 없어요. 이 사비용을 좀 지불해야 할 것 같네요."

예상 밖의 지출이 들어간 듯한 표정이었다. 낙찰가를 물어보니 이사비용을 지불한다면 급매가격과 비슷한 수준이었다.

경매는 시장가격보다 저렴하게 매입하면서 시장의 우위를 점하는 것으로 투자로서 매우 매력 있는 방법 중 하나다. 그것이 많은 사람들이 경매를 하는 이유다. 위의 경우는 그래도 나쁘지 않은 낙찰이었다고 생각된다. 지금 나온 급매와 비슷한 수준이기 때문이다. 빌라나 오피스텔, 특히 아파트의 경우는 권리분석이 쉽고 대부분 명도과정이 단순해서 인기가 좋다. 한때는 지나친 경매 열풍으로 경쟁이 높아져 자칫 높은 가격으로 낙찰이 되는 경우도 많았다.

작년에도 이 단지의 물건이 경매로 나왔고 임차인이 월세로 있어서 나도 관심을 갖고 지켜보았는데 입찰을 하지는 않았다. 이런 물건은 대부분 응찰자들이 많고 낙찰가도 시세보다 높은 경우를 많이 보아왔기 때문이다. 내가 원하는 수익률에 맞춘 낙찰가보다 분명 높은 낙찰가가 나온다.
이런 곳은 아예 응찰은 하지 않고 결과만 본다. 아니나 다를까 기존 매매가와 비슷하게 낙찰이 되었다. 경매를 할 때 권리분석과 현장조사를 하면서 낙찰가를 결정하게 된다. 그런데 특히 유의할 점이 있다. 정해 놓은 수익률에 맞는 금액에서 절대 흔들려서는 안 된다. 자칫 높은 경쟁률에 휩쓸려 가격을 높게 쓰면 낙찰되고도 실패한 투자다. 낙찰이 중요한 것이 아니라 투자의 목적이 중요하다.

요즘 수익률이 높아서 인기를 끌고 있는 상품의 유형 중 하나가 다가구 주택이나 점포 주택이다. 흔히 1층에 상가를 두고 2층과 3층 등을 주택으로 사용할 수 있어서 특히 점포 주택은 인기가 좋다. 처음부터 땅을 매입하고 건축까지 한다면 수익률이 꽤 높은 편이다. 유동률이 좋은 곳은 세도 잘 나가고 시간이 갈수록 가치가 올라간다. 하지만 이미 건축된 상태의 물건을 투자 대상으로 삼을 때는 신중한 평가가 필요하다.

부동산에 있어서 변하지 않는 투자 원칙이 있다. 투자의 목표는 수익률이다. 투자는 수익률을 높이는 게임이다. 백전백승의 비법은 어디에 있을까? 이익이 날 수밖에 없는 곳에 투자를 하는 것이다. 그것을 어떻게 알 수 있을까? 가치를 평가할 수 있어야 한다. 가치평가가 제대로 된다면 가격을 정할 수 있고 이기는 게임에 나설 수 있다.

아파트든 다가구든, 상가나 또 다른 어떤 것이든 평가가 우선되어야 한다. 급매나 경매는 저평가된 물건을 찾는 좋은 방법 중 하나이지만 분위기에 휩쓸려 자칫 목적을 잊는 일은 없어야 한다. 결국 성공적인 투자는 수익률에 달려 있기 때문이다.

부동산에 대한 공부가 여기저기 쇼핑하듯 마구잡이 갭 투자나 꼭대기인줄 모르고 올라가는 곳에 투자하는 것이라 생각해서는 곤란하다. 정부의 정책과 시장의 흐름이 만만치 않은 시기에 와있다. 지금 같은 시기에 백전백승의 방법을 준비해두어야 한다.

부동산 불패법칙 35

부동산으로 투자 원칙을 삼아라!

투자 중 가장 안정적인 것이 부동산인 데는 이유가 있다.

자산을 지키는 투자와 수익률을 높이는 투자를 병행한다면 효과는 배가 된다.

토지매입, 실물 이전의 분양권, 경매, 저평가된 부동산, 급매 등 다양한 여러 형태의 부동산이 있다. 부동산은 기본 원칙만으로도 성공확률이 높다.

04

10년 투자 로드맵을 그려라

복리는 언덕에서 눈덩이를 굴리는 것과 같다.
작은 덩어리로 시작해서 굴리다보면 끝에 가서는 정말 큰 눈덩이가 된다.
중요한 것은 습기 머금은 눈과 진짜 긴 언덕을 찾아내는 것이다.
– 워런 버핏 Warren Buffett

부동산의 미래, 지나온 시간에서 배우다

우리가 지나간 시간이나 사람들, 지나간 것들에서 배움을 얻을 수 있다는 것은 얼마나 큰 행운인가? 그들의 시행착오를 통해 실질적으로 돈을 덜 들이거나 시간을 얻을 수 있다. 특히 시간을 얻어가며 지혜를 얻는다는 것은 어마어마한 자산을 얻는 것이다.

'착한 가격 고맙다 제도샤프'라고 올린 어느 블로거는 30년 전 물가 비교와 함께 20년 전의 부동산 관련 기사를 함께 올렸다. 소주 1병은 200원, 서울 시내 버스표가 한 장에 140원, 짜장면 한 그릇 500원이었다. 제도샤프는 1,000원이다. 당시 중소기업 과장 월급은 50만 원이고 서울 아파트 한 채는 1,200만 원이다. 30년 전 신문기사의 내용은 다음과 같다.

> "달음질하는 서울 집값
>
> 치솟는 집값 내 집 꿈은 분노로
>
> 무주택자 60% 끝내 가망 없어
>
> 집 한 칸 덫에 걸린 인생
>
> 전세값 못 따라가 아예 포기"

집값이 이렇게 치솟으니 서민들의 집 사기는 포기할 정도라는 기사다. 어떠한가. 많이 본 문구 같지 않은가! 집값이 너무 많이 올라 서민들은 집을 못 사고 그만큼 살기 힘든 상황임을 이야기한다. 우리는 이러한 기사를 요즘도 흔히 보고 있다. 블로거는 22년 전의 전국 아파트 시세를 함께 실어놓았는데 옥수동 아파트가 1억 4천에서 2018년에는 13.5억으로 9배 이상, 중계동 아파트가 7천만 원에서 2018년 5억 6천으로 8배 올랐다. 우리는 이 사실들을 조금 자세히 생각해볼 필요가 있다.

그의 말처럼 착한 제도샤프는 30년 전에도 천원이었고 지금도 천원이다. 다른 것들은 8배에서 10배 이상 올랐다. 그럼 왜 어떤 것은 오르고 어떤 것은 오르지 않았을까? 시간이 지나도 기술의 발전과 더불어 대량 생산이 가능한 것들은 가격이 오르지 않는다. TV나 의류 등 특히 공산품과 같은 것들이 바로 그러하다. 그러나 유류비나 교통비 음식 관련, 에너지와 관련된 것들 즉, 생산이 한정되어 있는 것들은 모두 올랐다. 물가가 오르면서 함께 올라가는 것들은 이러한 것들이다.

그렇다면 부동산은 어떠할까? 땅은 한정돼 있는 자산이다. 집을 짓기 위해 들어가는 땅값부터 자재, 인건비 등은 가격이 오를 수밖에 없는 것들이다. 공산품과 같은 것들이나 노동비, 급여도 그렇고 물가 대비 많이 오르지 않았기 때문에 다른 것들이 많이 올랐다고 착각을 하게 된다.

위의 예시된 아파트의 가격은 8배에서 9배 정도다. 물론 강남의 특정 아파트는 훨씬 많이 오른 것도 있다. 하지만 다른 집값들의 경우는 겨우 물가 인상을 따라갔다는 이야기가 된다. 이것을 다른 물가들을 비교 대상에서 배제한 채 집값만을 놓고 많이 올랐다고 얘기하기에는 무리가 있다. 지난 30년 동안 IMF와 금융위기 등의 국가적, 세계적 위기 사태 두 번의 경우를 제외하고는 집값이 폭락한 적이 없다. 2007년과 2017년의 통화량을 볼 때 약 2배가량 늘어났다. 시간이 흘러감에 따라 통화량은 많아지고 인플레이션과 함께 생산이 한정된 것은 당연히 물가상승을 따라간다. 인플레이션은 화폐 가치를 떨어뜨리기 때문에 현금을 보유하는 것은 떨어지는 가치를 붙잡고 있는 결과다. 여기에 우리가 반드시 실물자산을 가져야 하는 이유가 분명해진다.

지금 내는 이자보다 뺏기는 돈이 더 크다, 돈이 사라지고 있다

K는 은퇴자금을 실물자산에 투자한 좋은 사례다. 그는 30년차 직장인으로 한 번의 이직을 하며 꾸준히 직장생활만을 해왔다. 5년 후면 그도 은퇴를 해야 할 나이가 된다. 그도 은퇴 후 뭔가를 해야 한다. 아직 충분히 뭔가를 할 수 있는 나이이기도 하고 무엇보다도 완전히 일을 놓을 만큼 경제적으로 자유롭지는 않다는 생각에서이다. 물론 아껴 쓴다면 그럭저럭 생활은 꾸려갈 것이다.

나는 그에게 저평가된 아파트에 투자하는 게 어떠한가 하고 추천했다. 처음에 그는 돈이 없다는 생각만 했다. 그런 데다 빚을 진다는 게 부담스러웠다. 그동안 서울에 한 채 있는 집을 사면서 10년 넘게 갚아오던 이자 생각에 더욱 그러했다. 그러나 그에게 더없이 좋은 기회가 왔다. 대출 규제가 심해져 사람들의 주택 구입이 어려워지자 한 건설사가 좋은 조건으로 매매를 하고 있었던 것이다. 조건이 좋고 향후 좋아질 지역임에 틀림없고 가격이 우선 더 내려갈 수 없는 아파트였다. 서울처럼 부담스러운 가격이 아니어서 더욱 좋았다.

K는 은퇴자금의 일부를 미리 받아 그 아파트를 샀다. 당장 오르거나 그럴 것은 아니어도 더 이상 떨어지는 일이 없을 터라 확실한 투자임을 알았다. 5년 뒤에 받을 은퇴자금을 지금 당겨서 활용할 수 있는 것도 큰 이득이다. 지금 그 금액의 일부로도 아파트 구입이 가능하지만 5년 후에

같은 금액으로 집을 산다는 것은 불가능하다. 5년 뒤에 은퇴자금을 한꺼번에 받는 것보다 미리 가용하여 실물자산에 투자한 것은 무엇보다 잘한 일이다. 아파트 가격이 5년 뒤에 올라가면 비로소 이 가치를 더욱 실감하게 될 것이다.

얼마 전 직장생활로 바쁜 아들을 대신해 집을 매입한 B의 경우는 본인이 직장을 다니며 노후를 준비한 경우로 다시 한 번 금융에 대한 공부가 필요함을 알게 한다. 지금은 은퇴한 그는 10년 전부터 지방에 소형 아파트를 샀다. 전세를 끼고 샀기 때문에 자금이 덜 들어가는 투자였다. 그는 그렇게 한 채 두 채 늘려가다 10여 채 이상 갖게 되었는데 중간에 집값이 오를 때에도 참고 기다렸다고 한다. 시간이 지나자 가격이 2배 이상이 되었을 때부터 정리를 시작하여 적잖은 차익을 보았다. 그가 부동산에 투자해서 수익화하는 데는 넉넉잡아 10년 정도의 시간이 걸렸다.

그는 직장생활을 하며 은퇴 후를 생각해 차근차근 공부를 하며 투자를 시작했다. 단시간에 차익을 볼 생각보다는 저평가된 곳에 5년 이상을 바라보며 시장을 지켜보았다. 직장생활을 하면서 부동산 투자로 준비를 해두었기에 은퇴 후에도 어느 정도 기반을 마련하게 되었다. 직장생활을 하는 아들은 신부와 돈을 모아 대출을 받고 결혼과 함께 집을 산단다. 둘이 다 직장생활을 하니 충분히 이자를 감당할 수 있단다. 그들은 집을 사기 위해 돈을 모으는 일보다 지금 집을 사두는 것이 이득임을 알고 있다.

    부동산의 경우는 어느 정도 일정한 사이클을 갖는다. 이러한 사이클을 만들어가며 가격이 전반적으로 물가를 따라 올라가는 우상향의 패턴을 보인다. 타이밍에 맞추어 매입을 한 다음 장기적 투자로 간다면 부동산은 인플레이션과 함께 가기 때문에 이기는 투자가 될 수밖에 없다. 주식과 같은 전문지식 없이도 일반인들도 투자하여 성공할 확률이 높은 이유가 여기에 있다.

    우리는 지나온 부동산 시장을 통해서 여러 가지를 배웠다. 기술의 발달로 공급이 무한정한 것들은 시간이 지나도 가격이 오르지 않고 심지어 하락하기도 한다. 대신 공급이 한정적인 것들은 물가를 따라 오른다. 물가를 반영하는 것들은 그러한 것들이다. 장기적인 현금 보유는 실질적으로 가치를 하락시키는 결과가 된다. 그러므로 시기를 맞춘 투자로 실물 자산을 보유하는 것은 최소한의 자산을 지키는 방법이 되고 이를 평가절하된 부동산에 투자한다면 이익을 볼 수 있다. 정부가 여러 가지 정책으로 부동산을 규제 하고 있지만 그 안에서 기회가 있다. 고수들은 이러할 때 부동산의 방향을 읽고 움직인다.

뺏기고 싶지 않다면 투자하라!

서민들은 점점 더 살기 힘들어질 것이고 부자들은 더욱 살기 좋은 세상이 될 것이다.

왜냐하면 그들이 이기는 패를 쥐고 있기 때문이다.

물가를 따라 오르지 않는 것들은 과감히 버려라.

생산이 한정된 것들에 투자하는 것만이 살 길이다.

생산이 한정된 것들이 물가를 따라 오르다 떨어진 그때가 바로 타이밍이다.

종잣돈보다 중요한 건 실행력이다

투자는 과학이 아니다. 인간의 판단에 따른 문제이다.
– 파거 로빈슨

언제까지 모으기만 할 것인가?

얼마 전 한 직장에 다니는 동료 두 분이 전세를 찾아 부동산에 들렀다. 둘은 한 직장에 다니는 선후배 사이로 후배의 집을 알아보는 데 도움말을 주려고 함께 왔다. 처음에 집을 알아볼 때는 전세를 보려고 했는데 전세와 매매가가 별 차이가 없음을 알고 함께 온 선배가 이러느니 아예 집을 사는 것이 어떠냐고 했다. 선배는 신혼일 때 전세부터 시작했는데 그러다 보니 집 마련이 점점 더 늦어지더라는 것이다. 아이들이 커갈수록 들어가는 돈은 더 많아져서 돈을 모으기가 쉽지 않았다. 몇 년째 계속 오르는 전세로 이사를 다니다가 이번에는 집을 샀다고 한다. 친구 중에는 결혼과 함께 집을 산 친구들은 일찍 자리를 잡더라는 것이다. 지금 생각해 보면 처음부터 집을 사서 시작했어야 한다고 조언을 해주었다.

나는 소형 아파트를 추천해주었다. 그들과 함께 조건이 맞을 만한 곳을 몇 군데 본 다음 가격도 저렴한 데다 상업지구와 정류장이 가까운 곳을 선택했다. 하루 전에 급매의 시세보다 천만 원 더 내려간 로얄층이 나와 있었다. 그곳은 전세 세입자가 있는 곳이었고 앞으로 5개월 후면 세입자는 나가야 하는 상황인데 후배의 예상 입주일과 맞았다. 우리는 그 물건으로 결정하고 매도인에게 전화를 했다. 그런데 예기치 못한 상황이 생겼다. 매도인이 그렇게 싸게 내놓은 이유는 한 달 안에 잔금을 치르는 조건이었다는 것이다. 전세금을 제외한 나머지 금액이 4천만 원이 한 달 안에 필요한 상황이 되었다. 계약금만을 생각했다가 잔금이 더 필요하게 되어 일단은 아쉬웠지만 생각해보기로 하고 돌아갔다.

후배는 현재 버팀목 전세대출을 받아놓고 있는 상황이다. 그 집에서 전세금을 받아 잔금을 치를 예정이었다. 한 달 안에 준비해야 하는 자금도 자금이지만 후배가 최초 주택 구입에 낮은 이자를 받으려면 아무리 빨라도 잔금을 한 달은 더 미뤄야 했다. 그 친구가 돌아가고 나는 매도인에게 전화를 했다. 후배의 상황을 이야기하고 잔금이 준비가 된다면 아주 최소한의 금액만을 남기고 잔금을 한 달 더 미루어줄 것을 이야기했다. 임대인의 양해로 잔금을 한 달 더 늦게 치르기로 했다. 후배는 다음

날 은행을 들러서 대출받을 수 있는 금액을 알아보고 전세금을 제외한 잔금을 모두 마련할 수 있게 되었다. 사실 전세를 가면서 부담했어야 할 대출 이자와 집을 사면서 내야 하는 이자는 별 차이가 없었다.

다음날 계약은 진행되었다. 후배는 전세를 생각했다가 자기 집을 소유하게 되었다. 다행히 좋은 물건을 만나게 되었고 이미 삶의 경험이 있는 선배를 두어 쉽게 결정을 할 수 있었다.

어차피 직장 근처에 집을 마련해야 했다. 교통비를 지원 받는다고 해도 출퇴근 거리가 1시간이나 걸려서 1년을 넘게 다니다 보니 체력적으로 힘이 부치는 상황이었다. 전세를 얻으러 나섰다가 가격이 좋은 물건을 만나게 되었다. 이는 운이라기보다는 주변에 경험이 있는 선배의 조언과 또 판단이 빠른 그의 결정력 덕이다. 판단이 빠르기 위해서는 어느 정도 기본 지식이 있어야 한다.

10년 전, 20년 전, 30년 전을 돌아보라, 투자는 늘 지나간 과거에 '했어야' 했다

얼마 전 주택을 구입한 C가 찾아왔다. 집을 산 것은 잘한 것 같은데 이자랑 원금이랑 내야 할 돈이 좀 부담스러운 것이 아닌가 하고 걱정을 하고 있었다. C는 얼마 전 결혼을 하고 주택을 매입했다. 사람들이 집을 살때 가장 걱정하는 것이 이자다. 그동안 지출하지 않던 이자를 내다 보면 내야 할 것 같지 않은 돈을 내야 한다는 생각에서 부담스럽기도 하다.

C가 산 가격은 3억이었고 대출은 정부가 지원해주는 대출을 이용했다. 2억 원까지 대출을 받을 수 있고 30년간 원리금 균등분할 상환이 가능한 상품이다. 고정금리로 연 2.75%로 적용 받을 수 있다. 물론 가격이 더 저렴한 것으로 구입했다면 부담이 덜 될 수도 있었겠지만 C가 산 아파트는 입지와 브랜드를 갖춘 향후 가격 상승이 기대되는 곳이다.

나는 좀 자세히 풀어줄 필요가 있다는 생각이 들었다.

이자는 2억 원에 대해 연간 2.75% 고정금리이다. 1년이면 이자가 550만 원이고 2년이면 1,100만 원이다. 10년이면 5,500만 원, 20년이면 1억 1천만, 30년이면 이자가 1억6천 5백이다. 3억에 구입한 아파트는 원금을 포함하여 다음의 가격이 된다면 손해는 아니다. 그리고 중요한 것은 원금과 이자를 분할하여 갚아나간다는 것이다. 시간이 지날수록 물가가 올라가면 화폐가치가 떨어져서 갚는 돈 즉, 이자는 떨어진 가치로 갚는 결과가 된다. 10년 뒤에 C가산 아파트가 3억5천 5백, 20년 뒤엔 4억1천만 원, 30년 뒤에는 4억6천 5백만 원이 된다면 손해는 아니다.

가격의 느낌을 좀 더 구체화시키기 위해 앞으로의 30년을 이전의 30년 전과 비교해서 본다면 더 이해가 쉬울 것 같다. 30년 전 압구정 H아파트는 3억 선이었고 지금은 30억 선으로 10배가 되었다. 옥수동은 약 27년 전 3억 선이던 것이 지금은 18억으로 6배 정도 올랐다. 서울의 중심부는 10배 정도 아니 그 이상이 오른 곳도 있고 그렇게는 아니더라도 5배에서 6배는 올랐다. C가 산 3억의 아파트가 그간의 이자를 포함하여 3억5천 5백이 안될까? 20년 뒤 4억1천만 원, 30년 뒤 4억6천 5백이 안될까? 강남이 아니라고 치자. 6배는 아니더라도 최소 2배는 안될까?

나는 12년 전 지방에 20평형대 아파트를 1억3천만 원에 매입했다. 10여 년간 몇 차례 오르고 내리기를 반복하였고 10년 만에 매도하였다. 내가 샀던 아파트는 다른 지역에 비해서 안 오른 곳 중 하나였다. 다른 곳에 비하면 많이 오르지는 않았지만 시기적으로 팔아야 한다는 생각에 팔게 되었다. 4천8백만 원을 5.2%로 적용 받아 대출을 받았다. 10년간 2,496만 원 이자를 냈다. 이 아파트에 살다가 이사를 가면서 월세를 받았는데 이 부분은 제외하고 순수하게 아파트 가격만 따지고 본다면 이익금은 4천만 원 정도였다.

위의 부동산의 수익률은 48.8%이다. 물가상승률을 포함하면 10년간의 부동산에 투자해서 이 정도의 수익은 그다지 높은것 같지 않다. 중요한 것은 물가상승을 반영했다는 데 의미가 있다. 바로 이것이다.

다시 돌아가보자. 3억 원 가격에 2억 원 대출을 2.75%로 10년간 받는다면 이자는 5천 5백만 원이다. 지금의 금리는 내가 10년 전에 받았던 금리보다도 훨씬 저렴하다. 최소한 10년간 부담한 이자를 포함하여 부동산의 가치는 올라가 있을 것이다. 이자는 고정금리로 확정되어 있고 빌린 원금은 물가상승을 따라가지 못해 가치가 떨어진다. 물가는 복리의 성격을 가지고 있다. 자산에 투자된 가치는 이를 따라가는 것이다.

물론 지나치게 높은 이자는 조심해야 하지만 금리를 무작정 두려워하지 말자. 자산가치가 떨어지는 경우는 물가가 떨어지는 경우인데 IMF때를 돌아보면 짐작할 수 있듯이 그렇게 떨어진 자산의 가치도 시간이 지나고 회복되었다. 그러니 지나치게 많은 대출로 감당하지 못할 정도가 아니라면 실물자산에 투자되는 부채는 당연히 활용하여야 한다. 물가가 떨어지지 않는 한 물가는 금리보다 높다. 물가상승을 반영하는 부동산을 사면서 대출을 일으키는 것은 그러한 금리를 잘 활용하는 일이다. 자산의 가치가 하락된 곳에 적절한 대출을 일으키고 투자하여 시간을 갖는다면 분명 부로 가는 길로 들어 설 수 있다. 이것이 부자들이 부를 만들어가는 방법이다.

부자가 되기 위한 시작으로 가장 중요한 것은 종자돈이 아니다. 어떻게 부를 이루어나가는지에 대한 이해가 바탕이 되어야 한다. 그런 후 시기를 보아 투자를 한다. 그 시작은 내집 마련일 수도 있고 창업일 수 있으며 또 다른 부동산이 될 수도 있다. 나 또한 미리 알았었더라면 돈을 모으는데 시간을 버리지 않고 좀 더 적극적인 투자를 했었을 것이다. 부자가 되기 위해서는 실행이 중요하다. 시간을 보낸다는 것은 돈을 잃는 것과 같다.

부동산 불패법칙 37

시간에 투자하라! 지금이 10년 후 '투자했어야 할 그때'이다!

경제가 성장하면서 물가가 오를 때 이를 따라 오르는 것과 그렇지 않는 것이 있다.

그중 부동산은 물가를 따라 오르는 자산이다. 돈을 모아 투자를 하겠다고 시간을 들이는 일은 되도록이면 단축해야 한다.

경제가 저성장이라도 성장하는 한 부동산은 따라 오른다.

그러니 시간을 잡는 자가 이기게 된다.

06

부자가 되려면 의식이 먼저 변해야 한다

부란 인생을 충분히 경험할 수 있는 능력이다.
– 헨리 데이비드 소로 Henry David Thoreau

20년을 간절히 원해왔다? 원한다고 부자가 되지 않는다

부자가 되고 싶었다. 부자가 되어서 멋지게 사람들의 부러움을 받으며 살고 싶었고 정말 하고 싶은 일만 하며 살고 싶었다. 그래서 열심히 살았던 것 같다. 부자가 되기 위해 돈을 모으려고 많은 시간을 들여서 일을 했다. 5년이면 너무 짧은가? 늦어도 10년이면 원하는 삶을 살 수 있을 거라 위로하며 매일 열심히 살았다. 그런데 행복해지고 싶다는 나의 의도와는 다르게 나는 매일매일 시간을 갉아먹으며 일에 함몰되어가고 있었다. 진정 행복해야 할 가족과는 함께할 시간도 부족하고, 그토록 원하던 여행은 꿈조차 꾸지 못하는 현실로 내몰려지고 있었다.

'간절히 원하면 이루어진다.'

'상상하면 현실이 된다.'

좋은 글귀들을 따라 써보기도 하면서 아침저녁으로 쓰고 상상하고 애를 썼다. 그것들은 나의 목표를 구체화하고 또 잊지 않게 해주는 데 도움이 되었다. 무엇보다도 지친 하루를 달래주는 희망의 메시지였다. 같은 시대를 살아가는 사람들의 성공 이야기는 언제 들어도 좋다. 자연스레 성공철학에 관련한 책에 관심이 많이 갔다. 어떻게 하면 부자가 되어 멋진 삶을 살아갈까 생각했다. 언젠가 책을 통해서 인생에 대한 깨달음을 얻게 되리라는 막연한 기대도 갖고 있었다. 그러나 그것도 잠시일 뿐 변하지 않는 현실은 답답함만 더해갔다. 그러던 중 현실이 변하지 않으면 미래가 바뀔 수 없다는 생각에 나는 평소에 관심이 많았던 부동산으로 방향을 잡았다. 그리고 행동했다.

지금에 와 생각해보면 부동산 중개업을 하게 된 것은 우연이 아니었다. 일을 하면서 물건 보는 안목을 키우며 기존에 벌던 수입 이상을 벌수 있다는 확신이 들었다. 많은 사람들이 만류했다. 이 같은 불경기에 부동산을 차리는 것은 위험하다는 것이다. 권리금이 없는 곳에 차려야 한다는 생각에는 변함이 없었고 사무실에 들어가는 비용도 최소화했다. 세가 싼 곳이면서 여러 가지를 접할 수 있는 곳에 차렸다. 시간이 걸리는 거리라도 오가며 물건을 보여주고 계약을 했다. 한 달이 지나면서 주변 지역의 물건을 접수받으며 중개가 시작되었다. 원룸, 오피스텔, 상가, 토지, 아파트는 물론이고 거의 모든 종목을 거래했다.

관점을 바꾸어라! 한계를 지우고 결과에 집중하라!

부동산을 차리고 여러 가지를 생각해보게 되었다. 나는 왜 그토록 열심히 살면서도 부자가 될 수 없었을까? 그 답은 나에게 있었다. 나는 내가 벌어야 할 수입의 한계를 정해놓고 있었던 것이다. 그 일로 얼마만큼은 벌 수 있다고 미리 정해놓고 그만큼만 벌었다. 더 많이 벌기 위해서는 더 많은 시간을 들여야 한다고 믿었기 때문에 바쁘게 열심히 살면서도 수입에도 한계가 있을 수밖에 없었다.

또 다른 이유는 방법을 좇는 사고이다. 돈을 벌기 위해 이렇게 저렇게 해야 한다는 일반적인 생각은 오히려 돈이 도망가게 하는 길이다. 돈을 벌었다는 결과를 먼저 생각해야 한다. 이상하게 들리는가? 돈을 벌지도 않았는데 무슨 소리냐고 의아해할 수도 있을 것이다. 그러나 이것은 사실이다. 사고를 이렇게 바꾸자 일이 훨씬 더 잘 되어갔다. 그 전에는 천만 원을 벌기 위해 한 달을 힘들게 일했었다면 지금은 같은 돈을 벌면서도 그 전 에너지의 반만 쓰고 있다.

사고를 전환하면서 여러 가지 것들이 변화했다. 예전에는 돈을 벌어 어느 정도 모이면 투자를 하려고 했지만 어느 정도 돈이 모일 만하면 흩어지고 모이질 않았다. 중개업을 하면서 번 돈은 투자로 들어갔다. 투자를 할 만큼의 돈을 번 것도 있지만 투자를 하기 위한 돈도 생겼다. 사고의 변화 이후 큰 경험이라면 다음의 일을 예로 들 수 있을 것이다.

처음 나는 부동산을 차리면서 부동산을 하나 더 내야 하지 않을까 하는 생각이 들었다.

'일 년 뒤에는 하나가 더 필요해. 아파트를 집중적으로 할 수 있는 곳으로!'

그때는 그냥 막연히 아파트 부근에 하나가 있으면 좋겠다고 생각했다. 그러고 나서 1년 후 갑자기 아는 부동산으로부터 연락이 왔다. 그 부동산은 알 만한 사람은 다 아는 매출이 높고 입지가 좋은 곳이다. 기존 부동산은 새로 입주하는 옆 아파트 단지로 매입하여 가기로 한 날이 며칠 밖에 안 남은 상황이었다. 초보자가 기존 부동산을 인수하기로 하고 며칠을 지켜봤는데 손님이 많아 일이 감당이 되지 않을 것 같아 겁을 먹었다고 한다. 새로 입주하는 아파트로 부동산을 이전해야 하는데 권리금과 보증금을 계약해놓고 잔금일에 계약한 임차인은 나타나지 않았다.
나는 이야기를 듣는 즉시 알아차렸다. 기회가 왔음을 알리는 신호음이 느껴졌다. 보증금을 치를 금액을 보니 천만 원 정도가 모자랐다. 그래도 잡아야겠다는 생각이 들었다. 일단은 하겠다고 하고 방법을 모색해야겠다고 생각했다. 방법은 상대편에서 왔다. 그리고 나는 그 날 저녁에 계약을 했다. 계약을 하고 인수인계를 한 뒤 정신없는 1주일이 지나갔다. 그러고 나서 생각이 났다. 내가 작년에 부동산을 하나 더 차려야겠다고 생각했었다는 것을 말이다. 그날의 소름을 어찌 잊을 수가 있을까? 생각한 것을 잊고 있다가 현실로 드러나면 그때서야 생각이 나곤 한다. 또는 아예 과거에 생각했던 것을 잊기도 한다.

나는 지금 부동산을 운영하면서 부동산에 대한 일반 과정과 창업 과정을 함께 준비하고 있다. 나 또한 부동산이 낯설기만 하고 몰라서 10년 이상을 망설이기만 했다. 나처럼 부동산이 어렵게 느껴지고 힘든 이들에게 쉽게 이해하는 기회를 주고 싶다. 부동산 자격증을 따고도 개업 한 번 못하고 장롱에 고이 모셔둔 사람들에게 창업의 노하우와 소득을 늘리는 비법들을 알려줄 것이다. 꼭 투자를 하려는 사람들만 공부를 하는 것은 아니다. 우리가 생각하는 것보다 부동산은 아주 가까이 관련되어 있다. 내가 살고 있는 집이 부동산이고 내가 앞으로 투자할 곳이 부동산이다. 최소한 나의 자산을 지키기 위해서라도 공부를 해두어야 한다. 부동산 공부는 이제 상식이다.

나는 예전의 나와 달라졌다. 내가 사고의 전환을 맞게 되면서 몇 가지 달라진 태도는 이런 것들이다. 첫째, 원한다면 애쓰지 않는다. 나는 이제 무엇을 기 쓰고 하지 않는다. 오히려 간절히 원하면 이루어지지 않는다. 간절하다는 것은 결핍만을 증명할 뿐이다. 이 말은 노력하지 않는 것과는 다른 것이다. 사람마다 원하는 것을 갖는 데에는 다양한 방법들이 있다. 이 방법은 본인이 직접 경험해보면서 알아갈 수 있다.나는 본격적으로 수년간 여러 가지를 경험하고 나름대로 결과를 얻었다.

둘째, 무엇이든 원하는 만큼 가질 수 있다고 생각한다. 돈도 그렇고 어떠한 물질적인 것도 원하는 만큼 얻을 수 있다. 그동안 내가 원했으나 이루어지지 않은 이유 중 가장 큰 것은 나 스스로가 가진 한계 때문이었다. 그 한계를 지우는 순간 주변은 달라졌다.

부자가 되려면 의식이 먼저 변해야 한다. 돈과 부에 대한 사고의 한계를 벗어나는 것부터 시작하여야 한다. 돈은 얼마든지 벌 수 있고 누구나 부를 이룰 수 있다. 또 언제든 우리는 부를 이룰 기회를 가질 수 있다. 열심히만 한다고 돈을 버는 것이 아니라 지혜롭게 살아야 한다. 그 정도쯤은 이미 다 알고 있는 단순한 이야기라는 생각이 들 것이다. 그런데 그렇게 살고 있는데도 나의 현실이 과거와 다르지 않다면, 아직도 원하는 것에 다다르지 않았다면 우리는 그렇게 살아온 것이 아닌 것이 아닐까? 만일 진실로 그렇게 살았다면 이미 현실은 바뀌어 있을 것이다.

부자가 되는 사고로 전환하라!

열심히만 산다고 부자가 될 수 없다는 것은 누구나 다 아는 사실이다. 어디서 어떻게 열심히 사는 것이 맞는 것일까?

미래에 가치가 더해지는 곳을 찾아야 한다.

수입의 한계를 없애고, 원하는 곳에 집중하고 그곳에 시간과 노력을 투자한다.

누구든 기회를 가질 수 있고 부자가 될 수 있다.

방법은 따라오게 되어 있다.

07

부자의 사고방식으로 부자가 되라

기업가에게 가장 중요한 것은 기회를 개척하고 포착하는 능력이다.
– 로버트 먼델 Robert Alexander Mundell

부자는 부로로 살 수밖에 없는 구조를 갖는다

부자란 무엇일까? 어떠한 사람을 부자로 지칭할까? 자산을 몇 십억 지니고 현금을 십억 이상을 동원할 수 있는 사람이 부자일까? 그동안 단지 자산이나 돈을 얼마를 가지고 있느냐를 가지고 부자를 생각해온 것이 일반적이었다. 그리고 우리는 부자가 되기 위해서 열심히 일하고 부지런하며 절약해서 돈을 모아야 한다고 배워왔다.

그러나 우리가 배워온 대로는 부자가 될 수 없다는 것을 이제는 많은 사람들이 알게 되었다. 열심히 일하는 사람들이 아니라 그들을 고용한 사람이 부자가 되고 그들이 여행을 가고 쉬는 동안 그들을 위해서 돈이 일을 하고 있고 부자들은 점점 더 부자가 되어가고 가난한 사람들은 더욱더 가난해져갔다.

오늘날 일반인들이 바라보는 부자의 개념도 여러 가지다. 물론 돈이 많은 것은 기본이고 자기의 노동을 들이지 않고 수입이 들어오는 시스템을 갖춘다거나 시간과 돈의 구애를 받지 않고 자기의 의지대로 할 수 있는 사람을 부자라고 생각한다. 나도 이 개념에 전적으로 동의한다. 돈을 벌기 위해 모든 시간과 청춘을 들여야 한다면 우리의 행복한 삶의 목적은 상실되고 말 것이다. 부자가 되어 경제적인 부를 이루고 시간에서 자유로워진다면 얼마나 좋을까?

부동산 부자들은 이렇게 해서 부자가 되었다

첫째, 부자들은 철저히 레버리지를 이용한다.

그들은 부채를 일으켜 자산을 취득한다. 자산의 가치는 물가상승률을 따라가기 때문에 그들의 자산은 시간이 지남에 따라 더욱 올라간다. 이는 단순히 빚을 이용한다는 개념 그 이상이다. 인플레이션으로 시간이 지날수록 화폐 가치는 떨어지고 그들이 갚아야 할 원금의 가치 또한 떨어진다.

인플레이션의 효과를 가장 많이 활용하는 곳이 국가나 기업이다. 국가는 국민의 세금으로 나라 살림을 하고 또 필요한 자금을 조달하기 위해 장기로 국가채를 발행한다. 기업은 부동산을 사들여 20여 년 이상 장기간 보유하다 매매한다. 국가가 장기로 발행한 채권은 가치가 떨어질 수밖에 없고 기업이 장기간 보유한 부동산은 물가상승을 따라 상당한 수익을 낸 뒤 매매된다.

만약 1억 원을 빌려서 부동산을 샀다고 가정해보자. 앞에서도 언급했지만 물가상승률을 감안했을 때 20여 년이 안되어 화폐 가치는 떨어진다. 1억 원을 주고 산 부동산은 20년 뒤 얼마가 되어 있을까? 부동산은 최소 물가상승률을 따라간다. 이는 30년 전의 부동산과 지금을 비교해보면 알 수 있다. 물가상승률을 감안한 실질적인 부분을 본다면 강남의 일부 지역은 엄청나게 올랐고 나머지 지역들은 최소한의 물가상승률을 보였다. 특히 서울의 부동산이 많이 올랐다고 생각하지만 사실 그나마 부동산은 물가를 따라갔다.

중요한 사실은 물가가 올라간 만큼 화폐가치는 떨어진다는 것이다. 현금을 보유하고 있는 경우는 앉아서 돈을 뺏긴 것이다.

바로 이것이다. 부자들은 이를 잘 알고 있다. 부자들이 자산의 50% 이상을 부동산으로 보유하고 있는 이유가 바로 여기에 있다. 물가상승은 복리와 같은 구조이다. 물가상승을 따라가는 부동산이 복리의 성질을 지니기에 나의 자산을 지키는 최후의 보루이자 일반인들도 부자가 될 수 있는 시스템이다. 이를 알고 있는 사람들은 경기가 어려워 자산의 가치가 상당히 떨어졌을 때 적극적으로 부동산을 사들였다. 그리고 엄청난 수익을 거두며 부자의 반열에 오를 수 있었다. 이것이 바로 그들이 부자가 될 수 있었던 핵심이다. 자본주의 시스템에서는 인플레이션을 이용하는 자가 승자가 된다.

둘째, 부자들은 리스크가 적은 곳에 투자한다.

부자들은 레버리지를 적극 활용하여 리스크가 적은 곳에 투자하는데 이는 곧 수익과 직결된다. 그렇다면 어떤 것에 투자를 해야 할까? 교통이나 교육 환경 등 입지 면에서 상승 여력이 있으면서 투자 타이밍이 적절해야 한다. 상승 여력이 있는 가치에 투자를 해야 하는 것이다.

셋째, 부자들은 시간을 활용한다.

여기서 시간을 활용한다는 의미는 장기적 관점으로 투자한다는 의미이다. 부자들은 리스크가 적은 곳에 레버리지를 활용하여 투자한 다음 최소 4~5년에서 10년 이상 장기적으로 바라본다. 제대로 된 곳에 투자하여 장기간 기다리면 당연히 자산이 늘어날 것임을 그들은 알고 있다. 앞에서 말했듯이 시간은 화폐 가치를 떨어뜨리고 부동산의 가치는 높이기 때문에 수익이 날 수밖에 없는 구조이다. 부자들은 인플레이션의 효과를 알고 적극적으로 활용한다. 시간이 지나면서 자산이 자산을 불려주는 상황이 된다. 적절한 타이밍의 투자는 수익이 날 수밖에 없다. 우리나라 부자들 중 자수성가한 사람들 중에서 온전히 순수하게 자신의 시간과 노력을 투자하여 부를 이루어낸 사람들이 과연 얼마나 될까?

넷째, 부자는 교육을 멈추지 않는다.

개인의 성장과 사업적인 성장을 위해 부자가 되기 위한 교육을 멈추지 않는다. 자산 투자 시에 부채를 이용한다는 것은 나의 모든 자산과 신용을 담보로 하는 큰 리스크다. 그러기에 부단히 공부하고 상당히 신중해야 함은 두말할 필요가 없다. 중개업을 하면서 투자자들을 가까이 본 결과 투자에 신중하지 않은 사람들이 의외로 많았다. 사람들은 어디가 좋다 하면 어디가 꼭대기인지도 모를 오르는 곳에 너도나도 투자를 하려 든다. 물론 더 올라가고 좋은 투자 결과를 보기도 한다. 이기는 투자를 위한 기본기는 간단하다. 절대 실패하지 않을 확실한 곳, 상승 여력이 있는 확실히 저평가된 곳에 투자한다면 시작과 동시에 이미 이긴 게임이다. 그러한 자신감은 제대로 된 가치평가에서 오며 그 평가의 과정이 공부이다. 부자들이 돈은 어디에나 있고 쉽게 벌 수 있다고 생각하는 것은 그 자신감에서 나온다.

시스템을 갖추고 반복한다

부자는 시스템을 통해 부를 축적한다. 부자가 더 부자가 되는 이유는 이것이다. 시스템이란 부를 쌓는 일정한 체계이다. 레버리지를 활용한 자산의 축적, 그리고 반복이다.

나는 어렸을 때 시골에서 만들던 눈사람을 기억해보곤 한다. 마른 연탄재로 시작해 처음에 만들 때는 좀 무겁기도 하고 신경이 쓰인다. 골고루 잘 묻혀야 삐뚤어지지 않고 모양이 잘 잡히기 때문이다. 둥글게 잘 잡힌 모양의 눈덩이는 나중에는 살짝만 밀어도 잘 굴러간다. 언제 커지나 싶지만 조금씩 커지면서 금방 어느새 커다란 눈사람이 된다. 자산을 만드는 일도 이와 같다고 생각하면 될 것이다.

부자가 되고 싶은가? 그렇다면 부자처럼 사고하자. 부자들은 부자가 될 수밖에 없는 구조를 만들고 시작한다. 첫째, 레버리지를 적극 활용한다. 타인의 돈을 이용하여 돈을 버는 방법이다. 금융기관이나 타인에게서 나온 돈을 이용해 수익을 벌어들이고 그 비용을 지불한다. 둘째, 타인의 돈을 이용하여 저평가된 곳, 즉 리스크가 적은 곳에 투자한다. 이곳에서 나온 이익은 나의 자산이 된다. 셋째, 장기적으로 보유하며 인플레이션을 이용한다. 대출을 이용해 투자하고 투자한 자산은 더 큰 이익을 벌어들인다. 그리고 시간이 지나면서 그들이 빌린 돈의 가치는 떨어지고 투자한 자산은 물가상승을 따라 가치가 올라간다. 그러면 더 많은 자산이 만들어지고 다시 레버리지를 활용하여 다른 자산을 만든다. 그리고 그것을 반복한다. 그때는 돈이 돈을 벌게 된다. 처음에는 타인의 돈으로 시작해서 자산을 형성하고 그 다음은 나의 돈이 돈을 버는 시스템이 만들어진다. 부자들은 이러한 사고와 행동으로 부자가 된다.

부동산 불패법칙 39

부자가 되는 시스템을 만들어라!

시스템이 있는가? 어떠한 분야에 성공적인 시스템이 있다면 누구나 성공할 수 있다.

첫째, 레버리지를 활용할 것.

둘째, 리스크가 적은 곳에 투자할 것.

셋째, 인플레이션을 이용할 것.

이렇게 자산을 키우고 다시 반복할 것!

08

행복한 부자 엄마, 아빠가 되라

다른 사람보다 뛰어나다고 해서 대단한 것은 아니다.
진정으로 대단한 것은 어제의 당신보다 더 뛰어난 오늘의 당신이 되는 것이다.
– 어니스트 헤밍웨이 Ernest Miller Hemingway

"나는 행복할 권리가 있다"고 말하라

'나는 오늘 행복하기로 결심했다!'

세계적인 베스트셀러 작가이며 심리학자인 웨인 다이어Wayne W. Dyer 는 『행복한 이기주의자』에서 행복은 선택이며 똑똑한 사람들은 어떠한 상황에서도 행복을 선택하는 사람들이라고 말한다.

나는 과연 얼마나 똑똑했나? 지난날을 돌이켜보면 참으로 부끄러운 시간들이 많다. 행복을 외부에서 찾다 보니 마음에 들지 않는 현실은 모두 환경의 탓으로 돌리기도 했다.

　그가 말하는 행복한 이기주의란 남보다 나를 먼저 사랑하는 일이다. 감정의 통제를 통해서 불안한 마음을 극복하고 행복을 선택함으로써 자유를 누릴 수 있다는 밀이다. 인생을 살아가면서 누구에게나 어려운 상황들이 발생한다. 요는 그 문제를 어떻게 다루느냐 하는 점이다. 늘 행복해지기를 희망하면서도 행복할 수 있는 방법을 알지 못했다. 단순히 경제적인 문제가 아니었다는 것을 알아채는 데 많은 시간이 필요했다.

　그동안 나는 그다지 행복하지 않다는 생각을 했었다. 아니 무언가 부족하다는 생각에 늘 시달려왔다고 해야 옳을 듯하다. 만족스럽지 않은 상황들은 모두 환경의 탓이라고 여겨왔고 결핍 스트레스에 시달렸다. 환경을 바꾸고 싶었지만 불만족스러운 현실에만 감정을 두었기 때문에 그 현실에서 벗어나기가 더 힘들었던 것이다. 문제를 외부의 탓으로 돌리고 해결도 밖에서 찾으려 했었기 때문이다. 행복의 조건이 돈이 아니라고 말하면서 결국엔 돈 때문에 자유를 선택하지 못하는 현실이 싫었다. 돈이 전부는 아니지만 정신적인 것이든 육체적인 것이든 제한을 주는 것을 부인할 수 없다. 더더욱 미안한 것은 가족들이다. 나의 불안한 감정들은 고스란히 가족에게 전달되었다. 보장되지 않은 미래에 대한 불안이 더 그것을 키워 나갔던 것이다. 준비되지 않은 나의 노후와 이러한 나 때문에 아이들이 좀 더 행복하지 못하다는 생각을 가졌었다.

부동산으로 비전을 갖게 되다.

그러나 나는 부동산 중개업을 하고 투자하면서 달라지기 시작했다. 얼마 전 아이들과 함께 오랜만에 저녁 식사를 하고 이야기를 하면서 더욱 느끼게 됐다. 직업을 바꾼 뒤로 조금 더 바빠지긴 했지만 아이들과의 관계는 더 좋아졌다.

"엄마가 행복하니까 나도 좋아요."

"정말? 엄마가 행복한 것을 어떻게 알아?"

"그냥 보기만 해도 알아요."

그동안 아이들에게 요구하는 게 많았었다. 흔히 어느 가정에서나 다 이야기하는 그런 잔소리부터 강박처럼 이래야 한다 저래야 한다는 말로 억압을 했었다. 그래야 좀 더 잘 살 수 있을 거라는 생각 때문이었다.

그러던 내가 부동산을 하면서 확실히 달라진 점이 있다면 아이들에게 잔소리가 없어졌다는 것이다. 내가 원하는 일과 미래에 대한 가능성을 갖게 되면서 마음의 여유가 생겼다. 좀 더 나 자신의 일에 집중하게 되고 그것이 즐거워서 매일매일 감사하는 마음이 생겼다. '미래를 위해서 어떻게 해야 하고 그래서 엄마가 지금 이러고 있고…' 하는 대신에 아이들이 지금 이렇게 건강함에 감사하고 맛있는 음식을 먹을 수 있음에 감사할 줄 알게 되었다.

차로 아이들과 함께 아침 등교를 한다. 차에서 아이들이 내릴 때 하는 말이 있었다. 예전에는 챙길 것 다 챙겼는지 오늘의 일정이 무엇인지였다. 그런데 언제부터인가 인사말이 바뀌었다.

'Carpe diem!'
'오늘 최고의 날 보내.'
'사랑해.'

그렇게 내가 기분이 좋아지니 아이들도 편안해하고 사이도 원만해졌다. 예전에는 너희들이 잘 살고 행복해지기 위해서 이러는 것이라고 했지만 결코 그것은 아이들이 행복해지는 길이 아니었음을 알았다. 그들의 부모인 내가 행복하면 그들도 따라서 행복해진다. 그리고 현재에 무엇이 부족해서 미래를 위해 무언가를 준비하느라 열심일 것이 아니라 지금 행복하면 미래도 행복하다는 것을 알게 되었다.

가진 것에 감사하라는 말이 그때는 사치처럼 여겨졌었는데 환경을 바꾸고 마음의 변화가 일면서 조금씩 자신감이 생기고 감사의 의미를 이해하게 되었다. 같은 일을 하면서 그와 비슷한 결과를 얻게 되는 것은 당연하다. 일을 바꾸고 비전을 보게 되면서 나는 조금씩 변해가고 있었다. 그렇게 나를 변하게 한 것은 부동산이었다.

부동산을 통해서 인생에 희망을 갖게 된 인상 깊은 예가 있다. 최근에 나온 책으로 한 주부가 쓴 이야기다. 그녀는 지방에서 회사에 다니며 박봉의 월급으로 어려운 생활을 하는 평범한 주부였다. 그녀는 가족에게 보증을 서게 되면서 떠안게 된 빚 때문에 하루아침에 방 한 칸으로 이사를 가게 되었다. 남편은 택시를 몰고 본인은 직장에 들어가 12시간이 넘는 고된 생산직 일을 했다.

열심히 남편이 택시 운전을 하고 부인은 직장을 다니면서도 결국엔 빚을 감당할 수 없어 파산 신청을 했다. 그러면서도 그녀는 고된 현실에 굴복하지 않고 꿈을 가졌다. 이대로 일만 하다 죽고 싶지는 않다는 생각을 하며 그 생활에서 벗어나게 해달라고 기도를 했다고 한다. 그리고 악착같이 돈을 모아 계속 부동산 투자를 준비했다. 2천만 원으로 본인 소유의 집을 마련하는 것을 시작으로 꾸준히 종잣돈을 모으는 대로 아파트를 사기 시작했다. 그녀가 투자를 할 수 있었던 것은 자금이 덜 들어가는 부동산이기에 가능했다. 전세를 끼고 살 수 있는 소형 아파트인 데다 대출을 이용하면 최소한의 금액으로 매입이 가능했다.

평범한, 아니 평범하다고 하기조차 힘든 상황에서 극적으로 그녀를 살려낼 수 있었던 힘은 바로 부동산이었다. 부를 이루는 것은 방법이 아니라 선택의 문제라는 젊은 기업가의 말이 옳다. 혹자는 그녀가 때를 잘 만

나서 그런 것 아닌가 하고 생각할 수도 있을 것이다. 물론 그녀가 택한 방법은 그 시기에 맞는 투자 방법이었다. 그러나 다른 시기였어도 그녀는 그에 맞는 방법을 찾았을 것이다. 내가 현장에 와서 본 부동산은 그러하다. 경기가 좋은 때이든 경기가 바닥을 치는 때이든 언제나 그때에 맞는 투자 방법이 존재한다.

나는 부동산을 선택하면서 행복한 부자 엄마가 되었다. 정말 힘이 들 때는 '왜 유독 나에게만 이런 일이 생기는 걸까?'라는 생각이 들기도 했었다. 그러나 이것은 누구에게나 있는 일이다. 행복은 문제가 있느냐 없느냐가 아니라 그것을 어떻게 받아들이는가 하는 선택에 달려 있다. 경제적인 부분이 행복의 전제는 아닐지라도 경제적으로 좀 더 나은 선택을 한다면 행복을 더 증대시킨다. 제한된 노동과 시간을 들여 돈을 버는 것만으로는 행복의 가장 핵심인 자유를 누리는 데 제한이 생길 수밖에 없다. 부동산 투자를 한다는 것은 자본이 함께 수익을 벌어다 주는 구조다. 나의 노력과 부동산이 함께한다면 행복을 위한 선택의 폭은 더욱 넓어질 것이다.

부동산 불패법칙 40

행복은 선택하는 자의 것이다!

경제적인 부분이 행복의 절대요소는 아닐지라도 많은 영향을 미치는것이 현실이다.

내가 원하는 일을 원하는 사람들과 원하는 시간에 할 수 있다면 그것이 행복 아닐까?

내가 행복해야 사랑하는 나의 가족이 행복하다.

부동산은 내게 이런 희망의 도구이다.

부동산은 내게 삶은 도전할 만한 것이라는 용기를 주었다.

이를 통해 재기할 수 있다는 희망을 얻었고,

꿈을 이룰 수 있는 기반을 마련했다.

당신은 행복한 부자가 될 권리가 있다

한 지역의 부동산 임대인의 이야기다. 몇 해 전 온 국민이 슬픔에 잠겼던 일이 있었다. 그 지역의 상권이 거의 마비될 정도였다. 모두가 아파할 때 한 임대인은 자신의 상가에 있는 모든 임차인들에게 몇 달간 세를 받지 않겠다고 했다. 가뜩이나 그 상가는 임대료를 잘 올리지 않는 것으로 알려져 있었고, 그래서 한번 들어온 임차인은 좀처럼 나가는 일이 없었다. 나는 이 이야기를 듣고 여러 가지 생각이 들었다. 사실 이렇게 하기란 쉽지도 않거니와 이렇게라도 해서 사람들과 조금이나 함께 마음을 나누는 것도 가진 자로서 해줄 수 있는 일이구나 싶었다.

그렇다. 더 나은 나의 안정과 행복을 위해 부자가 되어야 한다. 내 주변의 누군가가 어려운 일이 생겼을 때 도움을 주려면 조금 더 부자가 되어야 할지도 모른다. 그러나 기회를 태어날 때부터 가진 사람들만 갖는 것은 아니다.

내가 중개업을 통해 만난 부자들 중에는 부모가 물려준 재산으로 부를 일구어온 경우도 있지만 그야말로 맨손으로 시작해 사업을 일구어온 사람들도 많다. 장사를 통해 돈을 모아 투자를 시작해서 자산을 일군 경우도 있고, 회사 일을 하면서 악착같이 돈을 모아 부동산을 사고, 종잣돈을 만들어 땅을 사고 건축을 한 사람도 있다. 20년을 고생하다 있는 돈을 다 잃고 주변인의 도움으로 다시 부동산 투자를 시작한 경우도 있었다.

그들의 한결같은 공통점은 포기하지 않는다는 것이었다. 그들이 가진 재능이나 물려준 유산이 있었기에 그랬던 것이 아니다. 나는 이들을 보며 이것은 그들의 노력과 부동산이 있었기에 가능했음을 알 수 있었다. 그리고 부자들이 더 마음에 여유가 있는 경우가 많았고 가난한 사람들은 여유가 없다 보니 아무래도 예민하고 피해의식이 있는 경우도 있었다.

돈의 유무가 사람의 성품과 크게 연관되지는 않은 듯하다. 그냥 착한 사람은 착한 것이고, 조금 약은 사람은 약을 뿐이다. 부자들은 부자가 되는 선택을 하고 가난한 사람은 가난한 선택을 하는 것처럼 말이다. 중요한 것은 우리가 원한다면 언제든 선택의 길은 있다는 것이다. 이를 믿느냐 마느냐도 모두 당신의 선택이다.

오랜 세월을 살다간 사람들이 얘기했듯이 나이는 숫자에 불과하다. 마음이 노쇠하시 않는 한 영원히 청춘이다. 세상은 누구나 행복하고 누구나 풍요롭게 살아갈 수 있다. 어느 날 UN총회에서 울려 퍼진 대한민국 청년의 이야기는 들을 때마다 가슴에 메아리친다. 여기 연설문 중의 일부를 발췌하는 것으로 마무리하고자 한다.

단언컨대, 나는, 우리는, 이렇게 앞으로도 실패할 것입니다.
......
아마 제가 어제 실수를 저질렀을지도 모르겠습니다.
그렇지만 그 어제의 나도 나입니다.
오늘의 나는 내가 만든 모든 실수와 함께하는 나 자신입니다.
내일의 나는 아마 오늘보다 아주 조금 더 현명해질지도 모르나, 그 또한 나입니다.
나는 지금의 나 자신을 그대로, 그리고 과거의 나와 미래에 되고 싶은 나까지 모두 그대로 나를 사랑하는 법을 배웠습니다.
......
우리는 스스로 사랑하는 법을 배웠습니다.

따라서 이제, 여러분의 이야기를 해주셨으면 좋겠습니다.

여기 계신 모든 분들에게 묻고 싶습니다.

......

당신의 이름은 무엇입니까?

무엇이 당신을 설레게 하고 심장을 뛰게 합니까?

여러분의 이야기를 해주십시오.

여러분의 목소리를 듣고 싶습니다.

– BTS의 UN총회 연설문 중에서

들리는가! 진정한 당신의 내면의 소리가

2018.12.2 글을 마치며

우리가 원한다면 언제든 선택의 길은 있다.